사물인터넷
자바스크립트 프로그래밍

사물인터넷
자바스크립트 프로그래밍

루벤 올리바 라모스 지음

류영선 옮김

| 지은이 소개 |

루벤 올리바 라모스 Rubén Oliva Ramos

컴퓨터 엔지니어로, 멕시코 레온Leon에 있는 살바지오Salle Bajio 대학에서 컴퓨터와 전자 시스템 공학, 텔레커뮤니케이션 및 네트워킹 분야 석사 학위를 받았다. 웹 프레임워크와 클라우드 서비스를 사용해 아두이노와 라즈베리 파이에 연결된 장치를 제어하고 모니터링하는 사물인터넷 애플리케이션 개발에서 5년 이상 경험을 쌓았다.

살바지오 대학에서 메카트로닉 시스템 디자인과 공학 석사 과정 학생들에게 메카트로닉을 가르치고 있다. 또한 멕시코 레온에 있는 중등 중앙 기술산업회사Centro de Bachillerato Tecnologico Industrial에 근무하면서 전자 및 로봇 제어, 메카트로닉 마이크로 컨트롤러를 가르치고 있다. 안드로이드와 iOS, 윈도우폰, 비주얼 스튜디오, .NET, HTML5, PHP, CSS, Ajax, 자바스크립트, 앵귤러, ASP, .NET 데이터베이스(SQlite, 몽고DB, MySQL), 웹 서버(Node.js와 IIS) 같은 기술을 사용해 모니터링 시스템과 데이터로거datalogger 데이터 같은 분야의 프로젝트에서 컨설턴트 및 개발자로 일했다. 또한 아두이노와 라즈베리 파이, 이더넷 실드, GPS와 GSM/GPRS, ESP8266, 데이터 수집과 프로그래밍을 위한 제어 및 모니터링 시스템에 대한 다양한 하드웨어 프로그래밍을 수행했다.

"이 책을 저술하는 동안 영감을 주고 도움을 주신 하나님께 감사드린다. 아낌없이 지원해준 아내 메이테이와 두 아들 루벤, 대리오에게 감사하며, 나의 사랑하는 부모님과 형제, 자매에게도 감사의 말씀을 드리고 싶다.

이 책이 사물인터넷 프로젝트를 배우는 학생들에게 도움이 되고 관련 애플리케이션을 구축하는 데 필요한 모든 사전 지식을 제공할 수 있길 바란다."

| 옮긴이 소개 |

류영선(youngsun.ryu@gmail.com)

소프트웨어 엔지니어로서 오랫동안 웹 브라우저와 웹 서버를 개발했다. 그 경험을 바탕으로 현재는 W3C 및 다양한 국제 표준화 단체에서 웹 관련 표준화 업무를 담당하고 있다. 최근에는 웹 기술을 PC에서 벗어나 모바일이나 DTV, 디지털 사이니지Digital Signage, 웨어러블Wearable, 오토모티브Automotive 등 다양한 IoT 디바이스에 접목하는 오픈 웹 플랫폼Open Web Platform에 관심을 가지고 관련 기술을 계속 연구 중이다. 아울러 워크숍이나 세미나에서의 강연과 학술 기고 등을 통해 오픈 웹 플랫폼과 웹 기술을 전파하는 데 힘쓰고 있다. 에이콘출판사에서 펴낸『반응형 웹 디자인』(2012)과『실전 예제로 배우는 반응형 웹 디자인』(2014),『HTML5 웹소켓 프로그래밍』(2014),『WebRTC 프로그래밍』(2015),『Three.js로 3D 그래픽 만들기 2/e』(2016),『자바스크립트 디자인 패턴』(2016),『자바스크립트 JSON 쿡북』(2017),『자바스크립트 언락』(2017),『객체지향 자바스크립트 3/e』(2017) 등을 번역했다.

6

| 옮긴이의 말 |

사물인터넷이라는 용어가 등장해 세간의 주목을 받기 시작한 지도 몇 년이 지났고 이미 우리 생활에 익숙하게 사용되기 시작했다. 하지만 사물인터넷 개발자나 프로젝트를 배우는 학생들에게 정말 유용하면서 체계적인 사전 지식을 제공해주는 자료나 관련 서적은 여전히 부족한 것이 현실이다.

그런 면에서 이 책은 개발자와 학생들에게 인기 있는 라즈베리 파이 제로와 자바스크립트를 사용해 사물인터넷 프로그래밍 세계에 발을 들여놓는 데 필요한 사전 지식을 알려주고 애플리케이션을 구축할 수 있게 돕는 좋은 가이드가 될 것으로 기대된다. 이 책에서는 사물인터넷 구축에 가장 널리 사용되는 라즈베리 파이와 아두이노 플랫폼, 자바스크립트, HTML5, Node.js 같은 친숙한 기술을 사용한다. 또한 온도, 습도, 빛, 가스, 모션 등을 측정하는 다양한 센서를 사용해 외부 환경을 모니터링하고 스마트 홈을 제어하는 실질적인 프로젝트를 제공함으로써 독자들이 눈으로 확인하며 쉽게 따라갈 수 있게 구성돼 있다.

상투적인 말로 들리겠지만, 번역 작업을 마치고 나면 항상 미흡한 부분에 대해 아쉬움이 남기 마련이다. 꽤 많은 노력을 기울여 작업했지만, 저자의 의도를 충분히 전달하지 못했거나 오역이 있을 수 있다. 잘못된 부분이나 책의 내용과 관련해 어떠한 의견이라도 보내준다면 소중히 다루며 검토해볼 것을 약속한다.

끝으로 항상 내게 힘이 돼주면서 지지와 지원을 아끼지 않는 사랑하는 가족, 아내 지은과 딸 예서에게 감사의 말을 전한다. 작업 때문에 주말에도 아빠가 놀아주지 않는다고 투정을 부리던 작은 꼬마가 어느새 엄마 키만큼 훌쩍 커서, 이제는 새로 번역한 책이 나오면 맨 먼저 가져가 비록 내용을 이해하지 못하더라도 꼼꼼히 챙겨 책을 확인해주는 공동 역자이자 열혈 독자가 됐다. 언젠가 진짜 둘의 이름으로 책을 한 권 내보는 게 내 작은 소원이다.

| 차례 |

라즈베리 파이 제로^{Raspberry Pi Zero}는 강력하고 저렴한 신용카드 크기의 컴퓨터로, 정교한 홈 오토메이션^{home automation} 기기의 컨트롤러를 완벽하게 제작할 수 있다. 온보드 인터페이스를 사용해 라즈베리 파이 제로를 확장하면, 사실상 보안 센서 및 장치를 무제한으로 연결할 수 있다.

아두이노^{Arduino} 플랫폼은 사물인터넷의 네트워킹 애플리케이션을 포함한 여러 프로젝트를 작성하는 데 유용하고 다재다능하게 쓰이므로 이 책에서 사용하고 있다. 이 책에서는 아두이노 보드를 사용해 노드에 연결된 장치를 통합하고 라즈베리 파이를 통합해 허브로 동작하는 중앙 인터페이스에서 장치를 제어하고 모니터링하는 방법을 설명한다. 소프트웨어 프로그램을 사용하면 자바스크립트와 HTML5, Node.js 같은 기술을 기반으로 하는 사물인터넷 시스템을 만들 수 있다.

이 책을 통해 라즈베리 파이 보드를 사용한 몇 가지 도모틱스^{domotics} 프로젝트를 살펴봄으로써 자신의 프로젝트를 제작할 수 있게 될 것이다.

각 장의 프로젝트는 준비 작업부터 시작해 하드웨어, 센서, 통신, 소프트웨어 프로그래밍으로 구성돼 있어 완벽한 제어 및 모니터링 시스템을 갖추도록 여러분을 안내해줄 것이다.

▌ 이 책에서 다루는 내용

1장. 라즈베리 파이 제로 시작하기 라즈베리 파이와 아두이노 보드를 설치하는 절차와 장치 간 통신 방법을 설명한다. 운영체제를 설치하고 설정하며, 라즈베리 파이를 네트워크에 연결해 원격으로 접속한다. 또한 라즈베리 파이가 정확한 시간에 동작할 수 있도록 보장한다.

2장. 라즈베리 파이 제로에 장치 연결하기   라즈베리 파이와 아두이노 신호를 연결하는 방법을 알아본다. GPIO 포트와 이 포트가 제공하는 다양한 인터페이스를 살펴본다. 또한 GPIO를 사용해 라즈베리 파이에 연결할 수 있는 다양한 장치를 살펴본다.

3장. 센서 연결: 실제 데이터 측정   다양한 신호의 감지 및 보안 시스템, 에너지 소비 전력 측정, 가정 내 위험 감지, 가스 센서, 유량 측정용 유량 센서를 구현하는 방법을 살펴보고 지문 센서로 집의 출입을 제어하는 보안 시스템의 제작 방법을 알아본다.

4장. 연결 장치 제어   중앙 인터페이스 대시보드의 라즈베리 파이 통신 모듈을 사용해 아두이노 보드를 제어하는 방법을 알아본다.

5장. 웹캠을 추가해 보안 시스템 모니터링하기   보드에 연결된 웹캠을 구성해 사물인터넷 보안 시스템을 모니터링하는 방법을 알아본다.

6장. 웹 모니터 빌드와 대시보드에서의 장치 제어   웹 서비스를 사용해 보안 시스템을 모니터링하는 시스템 설정 방법을 알아본다. 라즈베리 파이를 아두이노와 통합해 장치를 연결하고 모니터링하는 완벽한 시스템을 구축한다.

7장. 사물인터넷 대시보드로 스파이 폴리스 구축하기   다양한 미니 홈 도모틱스 프로젝트를 만드는 방법과 웹 서비스를 연결하고 사물인터넷을 사용해 보안 시스템을 모니터링하는 방법을 알아본다.

8장. 스마트폰에서 장치를 모니터링하고 제어하기   안드로이드 스튜디오와 APP 인벤터를 사용해 스마트폰용 앱을 어떻게 개발하고 아두이노 보드와 라즈베리 파이 제로를 어떻게 제어하는지 알아본다.

9장. 통합   프로젝트의 모든 부분, 전자 부품, 소프트웨어 구성, 전원 공급 장치를 하나로 통합하는 방법을 알아본다.

▌ 준비 사항

이 책의 내용을 충분히 학습하기 위해서는 다음과 같은 소프트웨어가 필요하다.

- Win32 Disk Imager 0.9.5 PuTTY
- i2C-tools
- 파이썬용 WiringPi2
- Node.js 4.5 이상
- 윈도우 V7.3.0 이상용 Node.js
- 파이썬 2.7.x 또는 파이썬 3.x
- PHP MyAdmin 데이터베이스
- MySQL 모듈
- APP 인벤터를 사용하기 위한 지메일 계정
- 안드로이드 스튜디오와 SDK 모듈
- 아두이노 소프트웨어

1장에서 기본 사항을 설명하고 필요한 모든 구성을 마치므로 이 책의 프로젝트에 라즈베리 파이를 문제없이 사용할 수 있다. 먼저 센서 같은 기본 구성 요소를 사용하고 나서 복잡한 구성 요소로 넘어간다.

소프트웨어 측면에서는 자바스크립트와 Node.js 프레임워크 같은 기본 프로그래밍 기술을 잘 알고 있으면 좋다. 그러나 이 책에서 각 소프트웨어의 모든 부분을 설명하기 때문에 자바스크립트 프로그래밍 기술이 충분하지 않더라도 이 책의 내용을 충분히 따라올 수 있다.

█ 이 책의 대상 독자

집을 자동화하고 스마트하게 만드는 동시에 댁내 장치들을 완전히 제어하고자 하는 사람들을 위한 책이다. 이 책에서 라즈베리 파이 제로 보드를 사용해 여러분의 프로젝트를 제어하는 데 필요한 모든 것을 배울 수 있다.

또한 과거에 아두이노 같은 다른 개발 보드로 개발해온 제작자를 위한 책이기도 하다. 이 경우, 라즈베리 파이 플랫폼의 힘을 바탕으로 스마트 홈을 만드는 방법을 배울 수 있다. 라즈베리 파이 제로로 무선 보안 카메라를 만드는 것과 같은 다른 플랫폼에서도 쉽게 수행 가능한 프로젝트를 만드는 방법도 배울 수 있다.

█ 편집 규약

이 책에서는 독자의 이해를 돕고자 다루는 정보에 따라 글꼴 스타일을 다르게 적용했다. 이러한 스타일의 예와 의미는 다음과 같다.

텍스트에서 코드 단어는 다음과 같이 표기한다.

"직렬 통신의 구성을 정의하는 setup 함수를 작성한다."

코드 블록은 다음과 같이 표기한다.

```
# passwd
root@raspberrypi:/home/pi# passwd
Enter new UNIX password:
Retype new UNIX password:
passwd: password updated successfully
root@raspberrypi:/home/pi#
```

코드 블록에서 유의해야 할 부분이 있다면 다음과 같이 굵은 글꼴로 표기한다.

```
[default]
exten => s,1,Dial(Zap/1|30)
exten => s,2,Voicemail(u100)
exten => s,102,Voicemail(b100)
exten => i,1,Voicemail(s0)
```

명령행 입력이나 출력은 다음과 같이 표기한다.

```
sudo npm install express request
```

화면상에 표시되는 메뉴나 버튼은 다음과 같이 표기한다.

"이제 Stream을 클릭하면 카메라의 라이브 스트림에 접근할 수 있다."

 경고나 중요한 노트는 이와 같이 나타낸다.

팁과 요령은 이와 같이 나타낸다.

▌독자 의견

독자로부터의 피드백은 항상 환영이다. 이 책에 대해 무엇이 좋았는지 또는 좋지 않았는지 소감을 알려주길 바란다. 독자 피드백은 앞으로 더 좋은 책을 발행하는 데 큰 도움이 된다. 일반적인 피드백을 우리에게 보낼 때는 간단하게 feedback@packtpub.com으로 이메일을 보내면 되고, 메시지의 제목에 책 이름을 적으면 된다.

여러분이 전문 지식을 가진 주제가 있고, 책을 내거나 책을 만드는 데 기여하고 싶다면 www.packtpub.com/authors에서 저자 가이드를 참조하길 바란다.

▌ 고객 지원

팩트출판사의 구매자가 된 독자에게 도움이 되는 몇 가지를 제공하고자 한다.

예제 코드 다운로드

이 책에 사용된 예제 코드는 http://www.packtpub.com의 계정을 통해 다운로드할 수 있다. 다른 곳에서 구매한 경우에는 http://www.packtpub.com/support를 방문해 등록하면 파일을 이메일로 직접 받을 수 있다.

코드를 다운로드하려면 다음과 같이 한다.

1. 팩트출판사 웹사이트(http://www.packtpub.com)에서 이메일 주소와 암호를 이용해 로그인하거나 계정을 등록한다.
2. 맨 위에 있는 SUPPORT 탭으로 마우스 포인터를 이동한다.
3. Code Downloads & Errata 항목을 클릭한다.
4. Search 입력란에 책 이름을 입력한다.
5. 코드 파일을 다운로드하려는 책을 선택한다.
6. 드롭다운 메뉴에서 이 책을 구매한 위치를 선택한다.
7. Code Download 항목을 클릭한다.

파일을 다운로드한 후에는 다음과 같은 압축 프로그램을 이용해 파일의 압축을 해제한다.

- 윈도우: WinRAR, 7-Zip
- 맥: Zipeg, iZip, UnRarX
- 리눅스: 7-Zip, PeaZip

이 책의 코드 묶음은 깃허브 https://github.com/PacktPublishing/Internet-of-Things-Programming-with-Javascript에서도 받을 수 있으며, https://github.com/PacktPublishing/에서는 다른 책들의 코드 묶음과 동영상들을 제공한다. 또한 에이콘출판사의 도서 정보 페이지인 http://www.acornpub.co.kr/book/iot-javascript에서도 예제 코드를 다운로드할 수 있다.

컬러 이미지 다운로드

이 책에서 사용된 스크린샷/다이어그램의 컬러 이미지를 PDF 파일로 제공한다. 컬러 이미지는 출력 결과의 변화를 이해하는 데 큰 도움이 될 것이다. https://www.packtpub.com/sites/default/files/downloads/InternetofThingsProgrammingwithJavascript_ColorImages.pdf와 에이콘출판사의 도서정보 페이지인 http://www.acornpub.co.kr/book/iot-javascript에서 컬러 이미지를 다운로드할 수 있다.

정오표

내용을 정확하게 전달하기 위해 최선을 다했지만, 실수가 있을 수 있다. 팩트출판사의 도서에서 문장이든 코드든 간에 문제를 발견해서 알려준다면 매우 감사하게 생각할 것이다. 그런 참여를 통해 그 밖의 독자에게 도움을 주고, 다음 버전의 도서를 더 완성도 높게 만들 수 있다. 오탈자를 발견한다면 http://www.packtpub.com/submit-errata를 방문해 책을 선택하고, 구체적인 내용을 입력해주길 바란다. 보내준 오류 내용이 확인되면 웹사이트에 그 내용이 올라가거나 해당 서적의 정오표 부분에 그 내용이 추가될 것이다. http://www.packtpub.com/support에서 해당 도서명을 선택하면 기존 정오표를 확인할 수 있다. 한국어판은 에이콘출판사 도서정보 페이지 http://www.acornpub.co.kr/book/iot-javascript에서 찾아볼 수 있다.

저작권 침해

인터넷에서의 저작권 침해는 모든 매체에서 벌어지고 있는 심각한 문제다. 팩트출판사에서는 저작권과 사용권 문제를 매우 심각하게 인식한다. 어떤 형태로든 팩트출판사 서적의 불법 복제물을 인터넷에서 발견한다면 적절한 조치를 취할 수 있도록 해당 주소나 사이트명을 알려주길 부탁한다.

의심되는 불법 복제물의 링크는 copyright@packtpub.com으로 보내주길 바란다. 저자와 더 좋은 책을 위한 팩트출판사의 노력을 배려하는 마음에 깊은 감사의 뜻을 전한다.

질문

이 책과 관련해 질문이 있다면 questions@packtpub.com으로 문의하길 바란다. 최선을 다해 질문에 답하겠다. 한국어판에 관한 질문은 이 책의 옮긴이나 에이콘출판사 편집 팀(editor@acornpub.co.kr)으로 문의해주길 바란다.

01

라즈베리 파이 제로
시작하기

홈 시큐리티 시스템과 전자 제어 시스템으로 가정용 기기를 제어하는 몇 가지 프로젝트를 구축하기 전에 1장에서는 먼저 초기 설정으로 라즈베리 파이 제로$^{Raspberry Pi Zero}$가 네트워크에서 동작할 수 있도록 준비해 이 책의 모든 프로젝트에서 사용할 수 있게 한다.

프로젝트를 진행해서 장치로 네트워크를 구성하고 센서를 보드에 연결하기 전에 먼저 라즈베리 파이의 구성을 이해하는 것이 중요하다. 1장의 주요 목적은 라즈베리 파이 제로의 설정 방법을 설명하는 것이다. 이 장에서 다루는 주제는 다음과 같다.

- 라즈베리 파이 제로 설정하기
- SD 기드 준비
- 라즈비안 운영체제 설치

- 직렬 콘솔 케이블로 라즈베리 파이 제로 구성하기
- 원격으로 네트워크 접근
- 원격 데스크톱을 통한 접근
- 웹 서버 구성

▌ 라즈베리 파이 제로 설정하기

라즈베리 파이는 다양한 목적의 프로젝트에서 사용할 수 있는 저렴한 가격의 보드다. 이 책에서는 라즈베리 파이 제로 보드를 사용한다. 다음 링크는 이 책에서 사용한 보드를 보여준다.

https://www.adafruit.com/products/2816

라즈베리 파이를 작동시키기 위해서는 하드웨어와 사용자 사이에서 다리 역할을 해주는 운영체제가 필요하다. 이 책에서는 라즈비안 제시Raspbian Jessy를 사용한다. 라즈비안은 https://www.raspberrypi.org/downloads/에서 다운로드할 수 있다. 이 링크를 통해 라즈베리 파이에서 라즈비안을 사용하기 위해 필요한 모든 소프트웨어 관련 정보를 찾을 수 있으며, 4GB 이상의 마이크로 SD 카드가 필요하다.

이 책에서 라즈베리 파이 제로를 테스트하는 데 사용한 키트kit에는 보드를 설치하고 준비하는 데 필요한 모든 것이 들어있다.

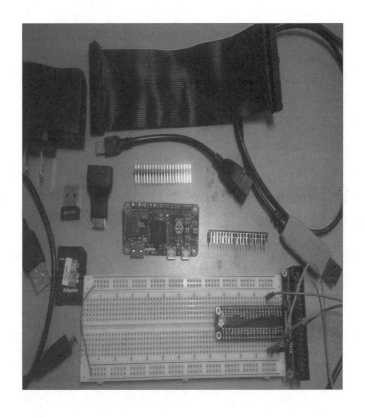

SD 카드 준비

라즈베리 파이 제로는 SD 카드에서만 부팅할 수 있고, 외부 드라이브나 USB 스틱으로는 부팅할 수 없다. 여기서는 4GB 마이크로 SD 카드 사용을 권장한다.

라즈비안 운영체제 설치

라즈베리 파이 보드에서 사용할 수 있는 다양한 운영체제가 있으며, 대부분은 리눅스를 기반으로 한다. 하지민 일반적으로 데비안Debian을 기반으로 하는 라즈비안Raspbian을 권장한다. 라즈비안은 라즈베리 파이용으로 특별히 제작됐다.

라즈베리 파이에 운영체제를 설치하려면 다음 절차를 따른다.

1. 공식 라즈베리 파이 웹사이트(https://www.raspberrypi.org/downloads/raspbian/)
   에서 최신 라즈비안 이미지를 다운로드한다.
2. 그런 다음, 어댑터를 사용해 마이크로 SD 카드를 컴퓨터에 삽입한다(어댑터는 일
   반적으로 SD 카드와 함께 제공된다).
3. https://sourceforge.net/projects3./win32diskimager/에서 Win32DiskIma
   ger를 다운로드한다.

   폴더를 다운로드하면, 스크린샷과 같이 다음 파일들을 볼 수 있다.

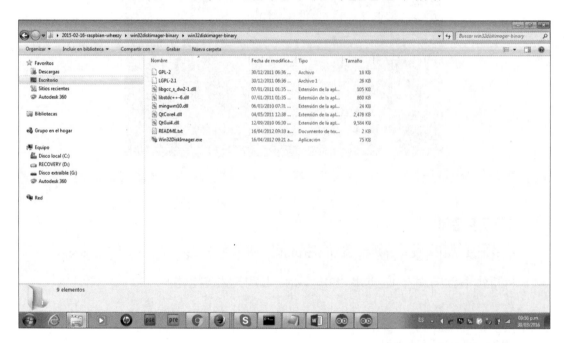

4. 파일 이미지를 열고, 마이크로 SD 카드가 있는 경로를 선택한 후 Write 버튼을
   클릭한다.

5. 몇 초 후에 SD 카드에 라즈비안이 설치된다. SD 카드를 라즈베리 파이에 넣고 라즈베리 파이 보드를 마이크로 USB 포트를 통해 전원에 연결한다.
다음 스크린샷과 같이 설치 진행 상황을 확인할 수 있다.

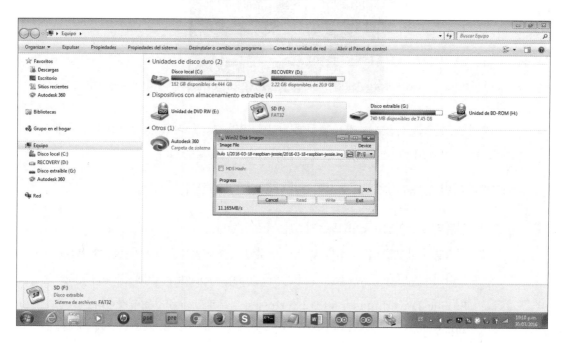

직렬 콘솔 케이블로 라즈베리 파이 제로 디버깅하기

이 절에서는 TTL 직렬 변환기를 사용하는 컴퓨터에서 라즈베리 파이 제로와 통신하는 방법을 살펴본다. USB 포트를 사용해 컴퓨터에 연결된 직렬 콘솔 케이블로 이 디버깅 작업을 할 수 있다. 직렬 케이블을 사용해 보드와 통신하며, 컴퓨터에서 보드로 명령을 보내려면 이 케이블을 사용해 통신해야 한다. 이 케이블은 https://www.adafruit.com/products/954에서 구할 수 있다.

케이블이 3.3볼트를 사용하는 것을 염두에 둬야 하지만, Adafruit로부터 이 전압 수준에서 동작하는지 이미 테스트했기 때문에 걱정하지 않고 사용해도 된다.

라즈베리 파이 제로를 설치하고 통신하려면 다음 절차를 따른다.

1. 컴퓨터에 남아있는 USB 포트가 있는지 확인한다.
2. 시스템이 하드웨어를 인식할 수 있도록 직렬 콘솔 케이블용 드라이버를 설치한다. 드라이버는 https://www.adafruit.com/images/product-files/954/PL2303_Prolific_DriverInstaller_v1_12_0.zip에서 다운로드하는 것을 권장한다.
3. 윈도우에서 동작하는 PuTTY라는 인터페이스(콘솔 소프트웨어)를 사용해 라즈베리 파이와 통신한다. 이 소프트웨어는 http://www.putty.org/에서 다운로드해 설치할 수 있다.
4. 빨간색 케이블을 5볼트에 연결하고, 검은색 케이블은 접지에, 흰색 케이블은 TXD 핀에, 녹색 케이블은 라즈베리 파이의 RXD 핀에 연결한다.
5. 케이블의 다른 쪽은 USB 포트에 연결한다.

다음 그림은 위의 절차대로 연결한 하드웨어 구성을 보여준다.

직렬 COM 인터페이스 테스트 및 접근하기

드라이버가 설치된 후, 설치된 COM 포트를 볼 수 있다.

 이 구성은 윈도우 설치를 위한 것으로 다른 운영체제를 사용한다면 절차가 달라질 수 있다. 장치 관리자 화면을 보려면, 윈도우 PC에서 시작 아이콘을 클릭하고 제어판으로 이동해 시스템을 선택한 후 장치 관리자를 클릭한다.

다음 스크린샷에서 USB 직렬 포트의 장치 관리자를 볼 수 있다.

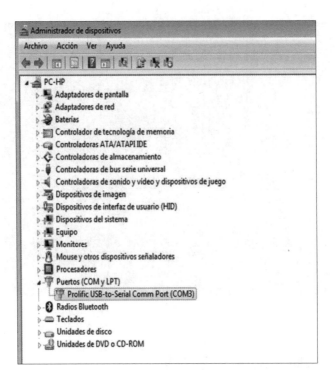

1. PuTTY에서 터미널을 열고 직렬 통신을 COM3로, Speed는 115200으로, Parity는 None으로, Flow control은 None으로 선택한 후 Open을 선택한다.

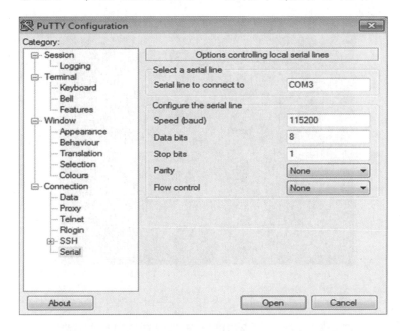

2. 빈 화면이 나타나면 키보드의 Enter 키를 누른다.

3. 라즈베리 파이 보드에 연결을 시도하고 사용자 이름과 비밀번호를 묻는다. 다음 스크린샷과 같은 인증 로그인 화면이 표시된다.

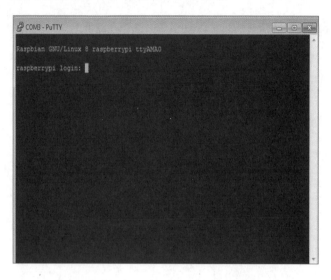

4. 라즈베리 파이 제로의 디폴트 사용자 이름은 pi고 비밀번호는 raspberry다.

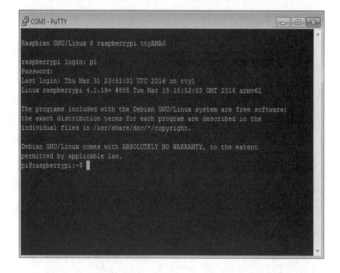

▌ 홈 네트워크에 연결하고 원격으로 접근하기

이 책에서는 라즈베리 파이가 실제 네트워크에서 동작하게 할 것이므로 다른 기기들과 함께 동작하도록 설정한다. 이를 위해 홈 네트워크를 구성해야 한다. 라즈베리 파이에서의 이더넷 어댑터 및 Wi-Fi 플러그 사용법을 알아보자.

이더넷 어댑터 연결

라즈베리 파이를 로컬 네트워크에 연결하려면 USB OTG 호스트 케이블(MicroB OTG male to female)이 필요하며, https://www.adafruit.com/products/1099에서 구할 수 있다. 우리가 사용하는 보드에는 이더넷 커넥터가 없으므로 외부 장치와 통신할 때 이 케이블을 사용해야 한다.

다음 그림은 이더넷 어댑터가 라즈베리 파이 제로에 연결된 모습을 보여준다.

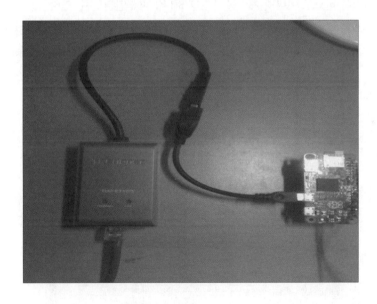

이 커넥터는 이더넷 어댑터를 연결하고 네트워크에 연결할 수 있게 해준다.

이더넷 연결 어댑터를 구성하려면 다음 절차를 따른다.

1. 어댑터를 컨버터에 연결한다. 이 책에서는 TRENDnet NETAdapter를 사용했지만, 이더넷/USB 허브를 마이크로 USB OTG 커넥터와 함께 사용할 수도 있다. 마찬가지로 Adafruit에서 구할 수 있다(https://www.adafruit.com/products/2992m). 이것은 허브로 이더넷 케이블 또는 USB 장치에 연결할 수 있다.

2. 라우터 구성을 확인하고 나서, 두 개의 LED가 모두 깜박이기 시작하면 구성에서 IP 주소를 볼 수 있다. DHCP 서버는 IP 주소를 라즈베리 파이에 할당한다.

다음과 같이 호스트 이름 raspberrypi에서 라우터 구성을 확인할 수 있다.

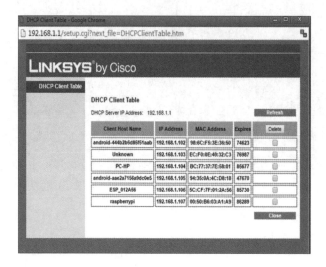

SSH로 라즈베리 파이 제로에 접근하기

라즈베리 파이의 IP 주소를 알고 있으므로 다음 스크린샷과 같이 PuTTY 터미널을 사용해 접근할 수 있다. IP 주소와 디폴트 포트 번호 22를 입력하고 Open 버튼을 누른다.

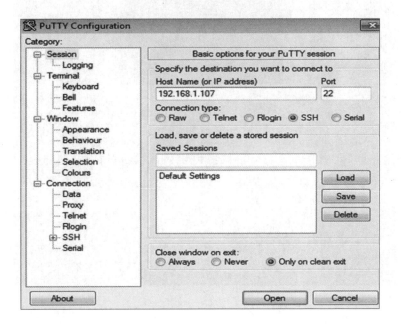

그러면 다음과 같은 로그인 화면이 나타난다.

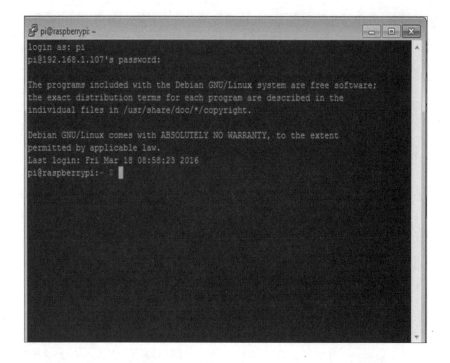

다음 명령을 사용한다.

```
sudo ifconfig -a
```

이제 이더넷 컨트롤러 어댑터의 구성 정보를 볼 수 있다. Eth0가 이더넷 어댑터다.

Wi-Fi 네트워크 연결

이 절에서는 라즈베리 파이 제로가 Wi-Fi 네트워크와 상호작용할 수 있도록 Wi-Fi 네트워크 연결을 구성하는 방법을 알아본다. 먼저 USB OTG 케이블을 사용해 미니 Wi-Fi(802.11b/g/n) 동글dongle을 라즈베리 파이에 연결해야 한다.

▌ 무선 도구 설치 방법

다음 명령을 사용해 무선 네트워크를 구성한다.

```
sudo apt-get install wireless-tools
```

다음 스크린샷에서 ifconfig 명령의 결과를 볼 수 있다.

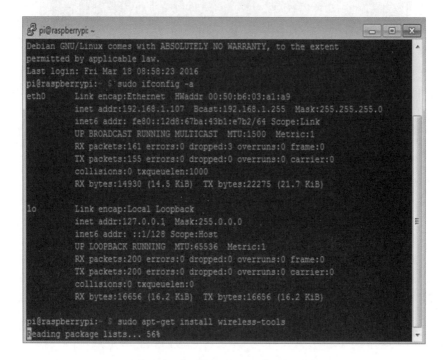

명령을 실행하면 wireless-tools를 설치한 결과가 표시된다.

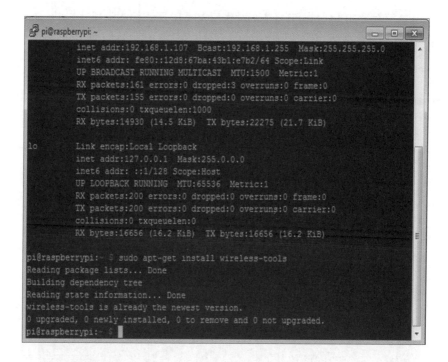

IP 주소 및 무선 네트워크 구성

네트워크를 구성하려면 네트워크에 참여하는 장치에 IP 주소를 할당해야 한다.

다음 명령을 입력한다.

```
sudo nano etc/network/interfaces
```

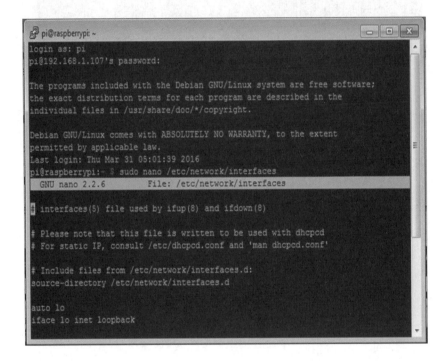

interface 구성 파일에는 라즈베리 파이 제로가 Wi-Fi 네트워크에 연결할 수 있도록 Wlan0 연결에 필요한 내용을 기술한다.

파일 구성을 시작한다. 이것은 파일의 시작을 의미한다.

```
auto lo
```

로컬 호스트에 대한 이더넷 장치 루프백loopback을 구성하고 DHCP 서버를 시작한다.

```
iface lo inet loopback
iface eth0 inet dhcp
```

Wi-Fi 연결을 위해 wlan0의 구성을 허용한다.

```
allow-hotplug wlan0
auto wlan0
```

Wi-Fi 연결을 위해 DHCP 서버를 시작하고 ssid 이름과 비밀번호를 입력한다.

```
iface wlan0 inet dhcp
  wpa-ssid "ssid"
  wpa-psk "password"
```

▌ 통신 테스트

장치가 다른 호스트에 응답하는지 테스트해야 한다. 이제 모든 설정이 잘됐다면, Wi-Fi 연결에서 다음 IP 주소를 볼 수 있다.

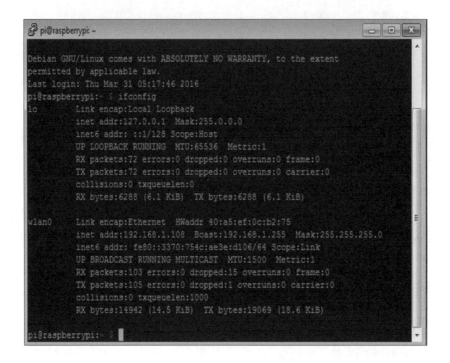

라우터 구성에서 무선 네트워크에 할당된 현재 IP 주소를 볼 수 있다.

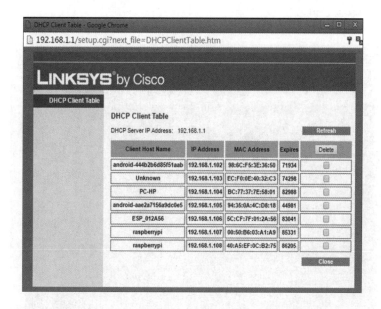

컴퓨터에서 핑 테스트

컴퓨터를 라즈베리 파이와 동일한 네트워크에 연결한다.

라즈베리 파이의 IP 주소를 핑^{ping}한다. 라즈베리 파이 무선 연결의 IP 주소로 핑 테스트
한 결과는 다음과 같다.

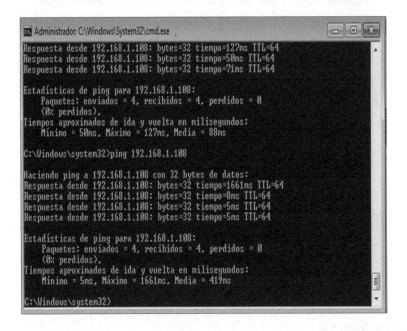

▌ 패키지 저장소 업데이트

이것은 공식 라즈베리 파이 저장소에서 모든 최신 패키지를 다운로드해 라즈베리 파이 보드를 업데이트하므로, 보드가 인터넷에 연결돼 있는지 확인할 수 있는 좋은 방법이다. 컴퓨터에서 다음을 입력한다.

---

sudo apt-get update

다음 스크린샷은 라즈베리 파이가 패키지 데이터를 수집하는 것을 보여준다.

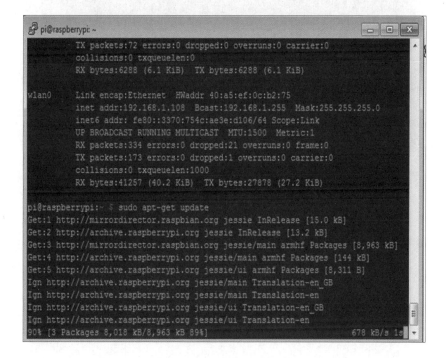

설치가 끝나면 다음과 같이 결과가 표시된다.

▌ 원격 데스크톱

이 절에서는 라즈비안 운영체제가 포함된 RDP 패키지가 필요하다. 이를 위해 먼저 다음 명령을 실행한다.

```
sudo apt-get install xrdp
```

이 명령을 실행하면 RDP 프로세스를 설치하고 패키지를 업데이트한다.

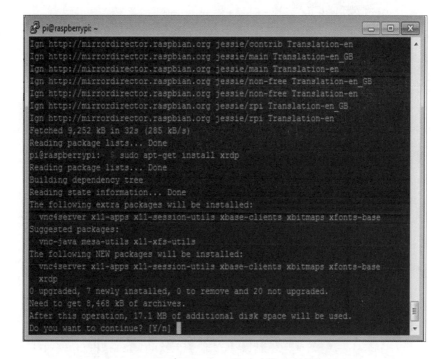

윈도우 원격 데스크톱

이 절에서는 원격 데스크톱을 사용해 컴퓨터에서 보드에 접근하는 방법을 알아본다. 라즈베리 파이의 IP 주소를 입력하고 Connect 버튼을 클릭한다.

라즈베리 파이 제로의 IP 주소를 입력하면 다음 화면이 표시된다. 여기서는 사용자 이름과 비밀번호를 입력해야 한다.

라즈베리 파이의 로그인 정보(사용자 이름과 비밀번호)가 필요하다.

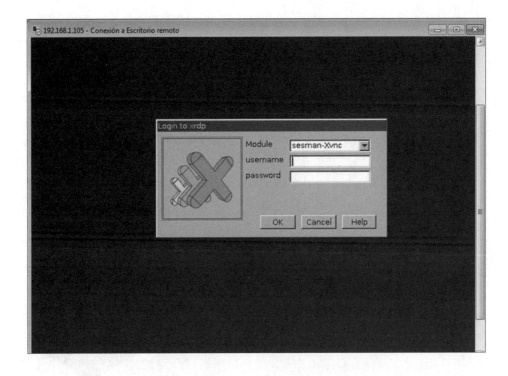

다음은 운영체제의 메인 윈도우를 보여준다. 원격 데스크톱을 사용해 라즈베리 파이에 원격으로 접속했다.

▌웹 서버 구성

라즈베리 파이에는 여러 가지 웹 서버를 설치할 수 있다. 여기서는 lighttpd 웹 서버를 설치한다. 또한 PHP 지원을 설치해야 웹사이트를 라즈베리 파이로 실행하고 동적 웹 페이지를 만들 수 있다.

설치 및 구성을 위해 PuTTY의 터미널 콘솔로 라즈베리 파이에 로그인한다.

1. 패키지 인스톨러를 업데이트한다.

```
sudo apt-get update
```

2. lighttpd 웹 서버를 설치한다.

```
sudo apt-get install lighttpd
```

설치가 완료되면 라즈베리 파이가 시작될 때마다 자동으로 백그라운드 서비스로 시작된다.

1. PHP 5로 프로그래밍하기 위해 PHP 5 인터페이스를 설정하려면, 다음 명령을 사용해 PHP 5 모듈 지원을 설치해야 한다. 이것은 서버에 필수적이며, PHP 파일을 실행해 웹사이트를 구축할 수 있다.

```
sudo apt-get install php5-cgi
```

2. 이제 웹 서버에서 PHP FastCGI 모듈을 활성화한다.

```
sudo lighty-enable-mod fastcgi-php
```

3. 마지막 단계에서 다음 명령을 사용해 서버를 다시 시작한다.

```
sudo /etc/init.d/lighttpd
```

다음 스크린샷은 웹 서버와 PHP 5 인터페이스를 구성할 때 표시되는 페이지의 내용을 보여준다. 웹 서버는 /var/www 위치에 테스트 웹 페이지를 설치한다. 브라우저에 라즈베리 파이의 IP 주소(예: http://192.168.1.105/)를 입력하면, 구성된 서버의 페이지를 여는 다음과 같은 화면이 나타난다.

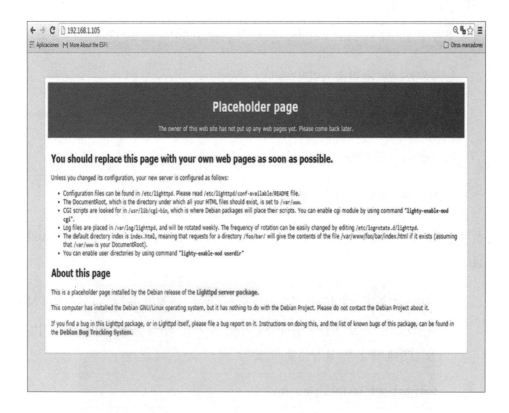

▌ PHP 설치 테스트

이 시점에서 PHP로 웹사이트를 테스트해보자. 간단한 PHP 스크립트 페이지를 작성하면
수행할 수 있다. PHP가 올바르게 설치됐다면 환경과 구성에 대한 정보를 반환할 것이다.

1. 루트 문서인 다음 폴더로 이동한다.

```
cd /var/www/html
```

2. phpinfo.php 파일을 생성한다.
   nano라는 단어를 사용하면 권한을 가지고 시스템 파일에 다음 명령을 실행할
   수 있다.

```
sudo nano phpinfo.php
```

3. 다음 스크린샷과 같이 파일을 생성한 후, CTRL-X를 눌러 파일을 저장한다.

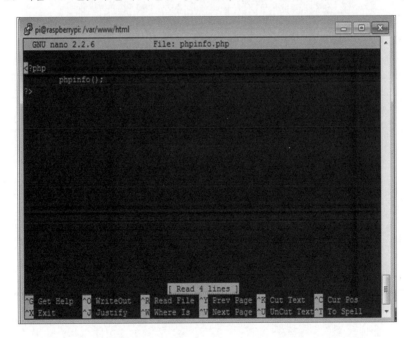

4. 브라우저에서 라즈베리 파이의 IP 주소(예: http://192.168.1.105/phpinfo.php)를
입력하면 다음 화면이 표시된다.

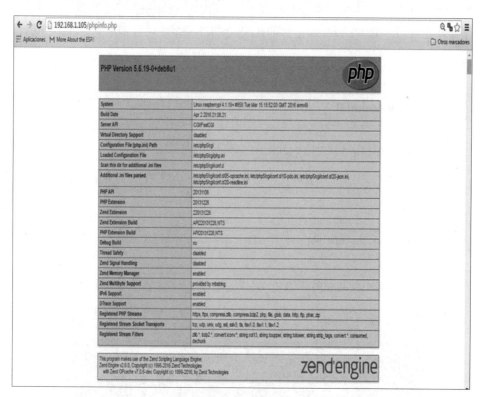

▌ 요약

1장에서는 라즈베리 파이 제로 보드를 구성하는 방법을 살펴봤다. 또한 라즈베리 파이에 필요한 구성 요소와 라즈비안을 설치해 보드에서 소프트웨어를 실행할 수 있는 방법을 살펴봤다.

이 책의 일부 프로젝트에서 사용할 웹 서버도 설치했다. 다음 장에서는 라즈베리 파이와 아두이노 보드에 장치를 연결하는 방법에 대해 알아본다. 또한 GPIO를 사용해 라즈베리 파이에 연결할 수 있는 다양한 장치들을 살펴본다.

02

라즈베리 파이 제로에 장치 연결하기

라즈베리 파이 제로에 장치를 연결하고 사용할 핀을 구별할 수 있어야 하므로, 이 장에서는 센서 연결을 통해 라즈베리 파이에 장치를 연결하는 방법의 기초를 설명한다. 그리고 라즈베리 파이를 구성하는 방법도 설명한다. 또한 라즈베리 파이에 센서를 연결하고 연결된 센서로부터 아날로그 입력을 읽는 방법을 학습한다.

이 장에서는 하드웨어가 보드와 통신하는 것과 관련된 다음 주제를 다룬다.

- 디지털 입력 연결: DS18B20 센서
- MCP3008 ADC 변환기를 사용해 아날로그 입력 연결하기
- 실시간 클럭(RTC) 연결하기

▌ 디지털 입력: 센서 DS18B20 연결하기

라즈베리 파이에는 디지털 핀이 있다. 이 절에서는 보드에 디지털 센서를 연결하는 방법을 살펴본다. 여기서는 디지털 출력을 가지고 있으며 라즈베리 파이 센서의 디지털 입력에 완벽하게 연결되는 DS18B20 디지털 센서를 사용한다. 주요 아이디어는 센서에서 온도 값을 읽어온 후 화면에 표시하는 것이다.

하드웨어 요구 사항

온도 판독을 위해 다음과 같은 하드웨어가 필요하다.

- 온도 센서 DS18B20 (방수)
- 4.7킬로옴^{kilo-ohm} 저항 한 개
- 점퍼 선
- 브레드보드^{breadboard}

방수 센서 DS18B20과 4.7킬로옴 저항을 사용한다.

사진은 이 프로젝트에서 사용하고 있는 방수 센서를 보여준다.

60

하드웨어 연결

다음 다이어그램은 센서 및 저항을 연결한 브레드보드의 회로를 보여준다.

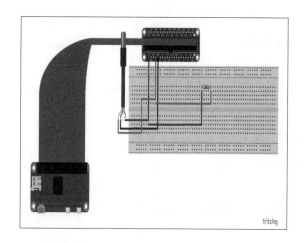

다음 이미지에서 센서의 회로를 볼 수 있다.

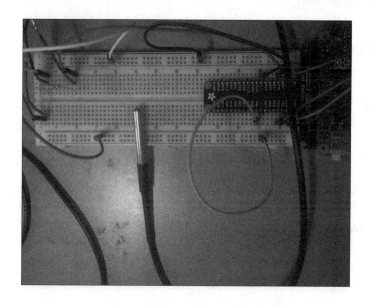

▌ 단선 프로토콜 구성

라즈베리 파이에서 터미널을 열고 다음을 입력한다.

```
sudo nano /boot/config.txt
```

페이지 하단에 다음 줄을 입력해 프로토콜을 구성하고 단선one-wire 프로토콜이 통신할 핀을 정의한다.

```
dtoverlay=w1-gpio
```

다음 단계로 라즈베리 파이를 재부팅한다. 몇 분 후에 터미널을 열고 다음 줄을 입력한다.

```
sudo modprobew1-gpio
sudo modprobe w1-therm
```

폴더로 이동해 구성할 장치를 선택한다.

```
cd /sys/bus/w1/devices
ls
```

설정할 장치를 선택한다. xxxx를 프로토콜에 설정할 장치의 일련번호로 변경한다.

```
cd 28-xxxx
cat w1_slave
```

다음 화면이 표시된다.

그런 다음 Yes와 함께 온도 판독 값이 t=29.562와 같이 표시된다.

소프트웨어 구성

이제 매초마다 화면에 섭씨와 화씨로 온도를 표시하는 코드를 살펴보자.

여기서 프로그램에서 사용하는 라이브러리를 가져온다.

```
import os1
import glob1
import time1
```

프로토콜에서 구성된 장치를 정의한다.

```
os1.system('modprobew1-gpio')
os1.system('modprobew1-therm1')
```

구성된 장치 폴더를 정의한다.

```
directory = '/sys/bus/w1/devices/'
device_folder1 = glob1.glob(directory + '28*')[0]
device_file1 = device_folder1 + '/w1_slave'
```

그런 다음 온도를 읽고 센서를 구성하는 함수를 정의한다.

```
defread_temp():
f = open(device_file1, 'r')
readings = f.readlines()
f.close()
return readings
```

함수로 온도를 읽는다.

```
defread_temp():
readings = read_temp()
```

이 함수에서는 YES와 t= 문자를 받을 때 비교한다. 또한 온도 값을 가져온다.

```
while readings[0].strip()[-3:] != 'YES':
time1.sleep(0.2)
readings = read_temp()
equals = lines[1].find('t=')
```

그런 다음 온도를 섭씨와 화씨로 계산하고 값을 반환한다.

```
if equals != -1:
temp = readings[1][equals pos+2:]
tempc = float(temp) / 1000.0
tempf = temp * 9.0 / 5.0 + 32.0
returntempc, tempf
```

매초마다 주기를 반복한다.

```
while True:
print(temp())
time1.sleep(1)
```

화면에 판독 값 표시하기

이제 thermometer.py를 실행한다. 파이썬으로 작성된 스크립트의 결과를 보려면, PuTTY 터미널을 열고 다음 명령을 입력한다.

```
sudo python thermometer.py
```

이 명령은 thermometer 파일을 실행하고, 모든 것이 완벽하게 실행되면 다음 결과가 표시된다.

```
COM3 - PuTTY
(30.125, 86.225)
(30.125, 86.225)
(30.125, 86.225)
(30.062, 86.1116)
(30.0, 86.0)
(30.0, 86.0)
(29.937, 85.8866)
(29.875, 85.775)
(29.812, 85.66159999999999)
(29.75, 85.55)
(29.812, 85.66159999999999)
(29.937, 85.8866)
(30.187, 86.3366)
(30.375, 86.675)
(30.562, 87.0116)
(30.812, 87.4616)
(31.062, 87.91159999999999)
(31.25, 88.25)
(31.5, 88.7)
(31.687, 89.03659999999999)
(31.875, 89.375)
(32.062, 89.7116)
(32.312, 90.16159999999999)
```

▌ MCP3008 ADC 변환기를 사용해 아날로그 입력 연결하기

아날로그 센서를 라즈베리 파이에 연결하려면 아날로그-디지털 변환기(ADC)를 사용해야한다. 보드에는 아날로그 입력이 없기 때문에 MCP3008을 사용해 아날로그 센서를 연결한다. MCP3008은 10비트 ADC로 여덟 개의 채널을 가지고 있다. 즉, 라즈베리 파이 제로에서 읽을 수 있는 최대 여덟 개의 센서를 연결할 수 있다. 이를 연결하는 데 특별한 구성요소가 필요하지는 않다. SPI로 라즈베리 파이의 GPIO에 연결할 수 있다.

첫 번째 단계는 SPI 통신을 활성화하는 것이다.

1. 라즈베리 파이 터미널에 접속한 후 다음 명령을 입력한다.

```
sudo raspi-config
```

2. 다음 스크린샷과 같이 Advanced Option을 선택한다.

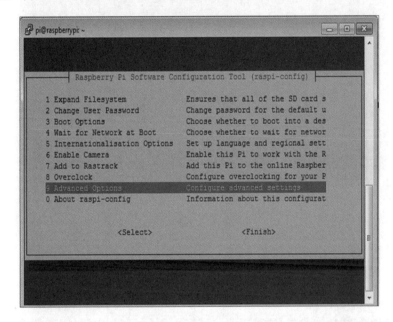

3. SPI 옵션을 선택해 SPI 통신을 활성화한다.

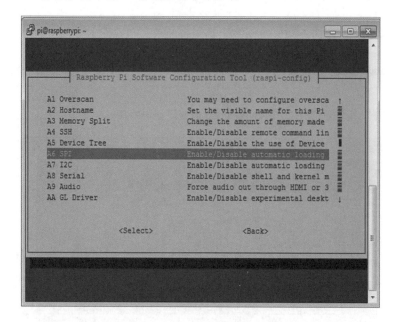

4. ⟨Yes⟩를 선택해 SPI 인터페이스를 활성화한다.

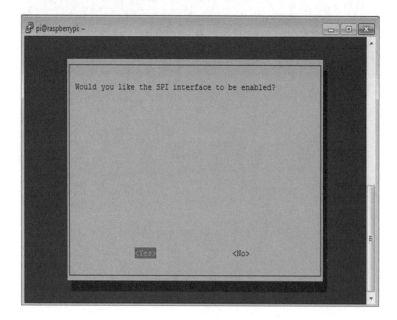

5. 마지막 화면은 다음 스크린샷과 같다. 〈Ok〉를 선택한다.

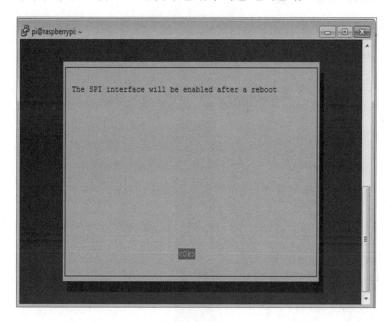

█ 라즈베리 파이 GPIO 헤더

다음 스크린샷은 라즈베리 파이 제로의 GPIO 핀 차트를 보여준다. 여기서는 SPI 구성 인터페이스(SPI_MOSI, SPI_MISO, SPI_CLK, SPI_CE0_N)를 사용한다.

Raspberry Pi GPIO Header
A+, B+, Zero, Pi2

Pin#	NAME			NAME	Pin#
01	3.3v DC Power			DC Power 5v	02
03	GPIO02 (SDA1 , I²C)			DC Power 5v	04
05	GPIO03 (SCL1 , I²C)			Ground	06
07	GPIO04 (GPIO_GCLK)			(TXD0) GPIO14	08
09	Ground			(RXD0) GPIO15	10
11	GPIO17 (GPIO_GEN0)			(GPIO_GEN1) GPIO18	12
13	GPIO27 (GPIO_GEN2)			Ground	14
15	GPIO22 (GPIO_GEN3)			(GPIO_GEN4) GPIO23	16
17	3.3v DC Power			(GPIO_GEN5) GPIO24	18
19	GPIO10 (SPI_MOSI)			Ground	20
21	GPIO09 (SPI_MISO)			(GPIO_GEN6) GPIO25	22
23	GPIO11 (SPI_CLK)			(SPI_CE0_N) GPIO08	24
25	Ground			(SPI_CE1_N) GPIO07	26
27	ID_SD (I²C ID EEPROM)			(I²C ID EEPROM) ID_SC	28
29	GPIO05			Ground	30
31	GPIO06			GPIO12	32
33	GPIO13			Ground	34
35	GPIO19			GPIO16	36
37	GPIO26			GPIO20	38
39	Ground			GPIO21	40

Rev. 1.5
09/02/2016

www.element14.com/RaspberryPi

다음 다이어그램은 라즈베리 파이에 연결하는 MCP3008 칩의 핀 이름을 보여준다.

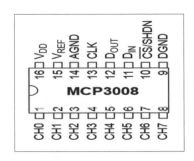

다음 이미지는 온도 센서를 보여준다.

다음 설명에 따라 핀을 연결한다.

- VDD를 3.3볼트로
- VREF를 라즈베리 파이 제로의 3.3볼트로
- AGND 핀을 GND로
- CLK(클럭) 핀을 라즈베리 파이의 GPIO11로
- DOUT을 GPIO9으로
- DIN 핀을 GPIO10으로
- CS 핀을 GPIO8과 핀으로
- MCP3008D GND 핀을 접지로

다음 그림은 이 연결을 보여준다.

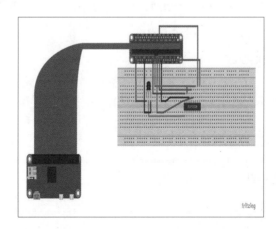

다음 이미지는 센서를 ADC MCP3008과 라즈베리 파이에 연결한 모습을 보여준다.

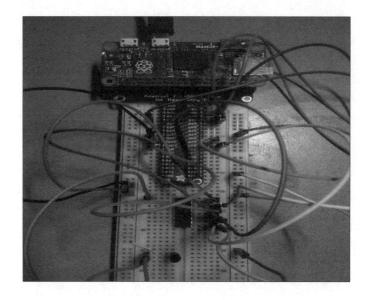

파이썬 스크립트로 데이터 읽기

다음으로 MCP3008.py 파일을 생성한다. 다음 절차를 수행한다.

1. 라즈베리 파이 제로에서 터미널을 연다.
2. 라즈베리 파이 터미널에서 인터페이스를 입력한다.
3. 앞에 nano를 사용하는 것이 중요하다.
4. sudo nano MCP3008.py를 입력한다.

다음과 같이 화면에 표시된다. 각 줄의 의미는 다음과 같다.

1. 라이브러리를 가져온다.

```
import spidev1
import os1
```

2. SPI 버스를 연다.

```
spi1 = spidev1.SpiDev1()
spi1.open(0,0)
```

3. ADC MCP2008에서 채널을 정의한다.

```
def ReadChannel1(channel1):
  adc1 = spi1.xfer2([1,(8+channel1)<<4,0])
  data1 = ((adc1[1]&3) << 8) + adc1[2]
  return data1
```

4. 볼트를 변환하는 함수는 다음과 같다.

```
def volts(data1,places1):
  volts1 = (data1 * 3.3) / float(1023)
  volts1 = round(volts1,places1)
  return volts1
```

5. 온도 변환 함수는 다음과 같다.

```
def Temp(data1,places1):
  temp1 = (data1 * 0.0032)*100
  temp1 = round(temp1,places1)
  return temp1
```

6. ADC에서 채널을 정의한다.

```
channels = 0
```

7. 읽는 시간을 정의한다.

```
delay = 10
```

8. 온도를 읽는 함수는 다음과 같다.

```
while True:
    temp = Channels(temp)
    volts = Volts(temp1,2)
    temp = Temp(temp1,2)
```

9. 결과를 출력한다.

```
print"***********************************************"
print("Temp : {} ({}V) {} degC".format(temp1,volts,temp))
```

10. 5초마다 대기한다.

```
Time1.sleep(delay)
```

11. 다음 명령을 사용해 파이썬 파일을 실행한다.

```
sudo python MCP3008.py
```

12. 다음 화면에서 온도와 ADC 측정 값 및 온도에 따른 볼트를 볼 수 있다.

▍ RTC 연결하기

시스템을 제어하려면 시간을 읽을 수 있는 회로가 반드시 필요하다. 이는 라즈베리 파이의 출력을 제어하거나 특정 시간에 행동을 감지하는 데 도움이 된다. RTC 모듈 DS3231을 라즈베리 파이에 연결한다.

I2C 설정

먼저 다음 절차를 수행해 I2C 인터페이스를 활성화한다.

1. Advanced Options를 선택한다.

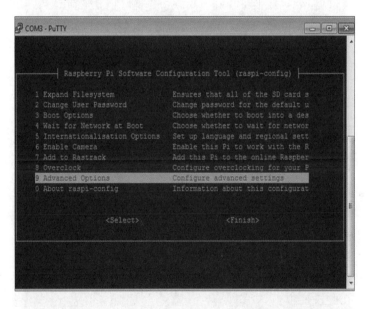

2. 다음 스크린샷과 같이 I2C 옵션을 활성화한다.

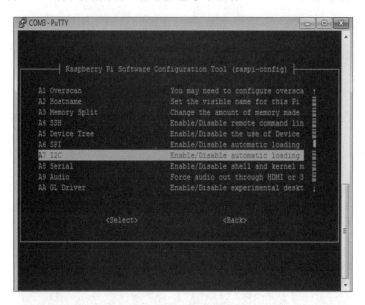

3. 다음 화면에서 〈Yes〉를 선택한다.

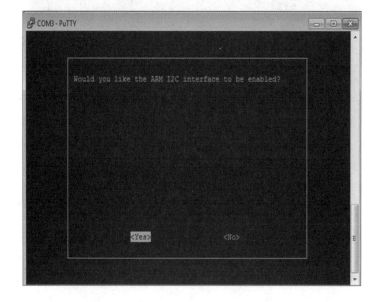

4. 〈Ok〉를 선택한다.

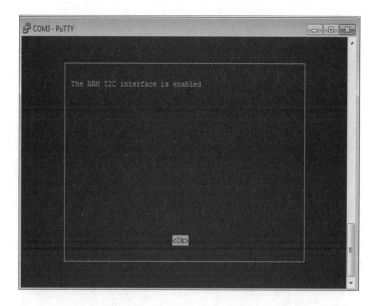

5. 그런 다음 〈Yes〉를 선택한다.

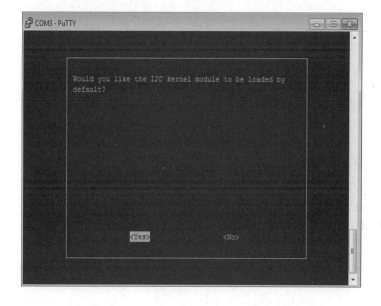

6. 그런 다음 ⟨Ok⟩를 선택한다.

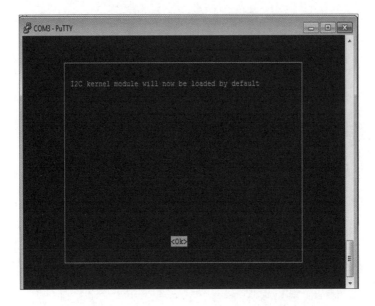

▌ DS3231 모듈 설정

모듈 DS3231은 실시간 클럭이다. 집적 회로에서 시간과 날짜를 얻을 수 있으므로 임베디드 칩에서 프로그래밍하려는 특정 이벤트를 제어할 수 있으며, 라즈베리 파이에서 실시간으로 시간과 날짜를 구하는 데 사용할 수 있다.

최신 업데이트인지 확인해야 하므로, 터미널에 다음 명령을 입력한다.

```
sudo apt-get update
sudo apt-get -y upgrade
```

다음 명령을 사용해 시스템 파일을 수정한다.

```
sudo nano /etc/modules
```

modules.txt 파일에 다음 행을 추가한다.

```
snd-bcm2835
i2c-bcm2835
i2c-dev
rtc-ds1307
```

하드웨어 설정

이 절에서는 RTC 모듈의 핀을 살펴본다.

```
DS3231 Pi GPIO
GNDP 1-06
VCC (3.3V)
SDA (I2CSDA)
SCL (I2CSCL)
```

다음 그림은 RTC 모듈을 보여준다. 칩의 핀을 확인할 수 있다.

다음 다이어그램은 회로 연결을 보여준다.

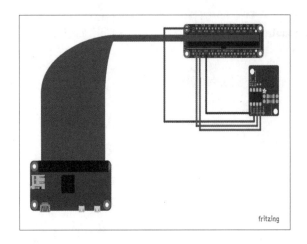

다음 그림은 최종 연결을 보여준다.

┃ RTC 테스트

터미널을 열고 다음을 입력한다.

```
sudo i2cdetect -y 1
```

다음 스크린샷과 같은 화면을 볼 수 있다.

┃ I2C 장치 설정

다음 단계는 시간 클럭이 RTC 시간과 동기화되는지 확인하는 것이다. 다음은 RTC 로컬을 정의한다.

```
sudo nano /etc/rc.local
```

새로운 장치와 구성하는 경로를 선언하는 파일에 다음 행을 추가한다.

```
echo ds1307 0x68 > /sys/class/i2c-adapter/i2c-1/new_device
```

다음 명령은 RTC를 시작한다.

```
hwclock -s
```

이 명령 후에 라즈베리 파이를 재부팅한다. RTC가 구성돼 동작 준비를 마쳤음을 알리는 다음 화면이 표시된다.

▌ 최종 테스트에 실시간 클럭 넣기

다음 명령을 사용해 라즈베리 파이 시간 시스템을 읽을 수 있다.

```
date
```

RTC가 준비되면 다음 명령을 사용해 테스트할 수 있다. 이 명령은 RTC에 시간을 쓴다.

```
sudo hwclock -w
```

다음 명령을 사용해 RTC에서 시간을 읽을 수 있다.

```
sudo hwclock -r
```

이제 최종 명령이다. 이 명령을 사용하면 다음 스크린샷과 같이 두 시간 값을 모두 볼 수 있다.

▌ 요약

2장에서는 MCP3008 ADC 변환기를 사용하는 방법과 라즈베리 파이 제로에서 온도 센서를 사용하는 방법을 배웠다. GPIO 포트와 다양한 인터페이스를 살펴봤으며, GPIO를 사용해 라즈베리 파이에 연결할 수 있는 다양한 장치들도 살펴봤다.

3장에서는 다양한 종류의 센서를 라즈베리 파이 제로와 아두이노 보드에 연결하는 방법을 자세히 알아본다. 이는 프로젝트에서 실제 데이터를 측정하는 데 도움이 되며 매우 흥미로울 것이다. 계속해보자.

03

센서 연결:
실제 데이터 측정

이 책의 목적은 센서를 가진 가전 제품을 제어하고 이들을 대시보드에서 모니터링하는 홈 시큐리티 시스템을 구축하는 데 있다. 이를 위해 먼저 신호를 읽고 네트워크로 전송할 수 있는 센서가 종단 장치에 연결돼 있어야 한다.

종단 장치는 아두이노 보드를 사용해 센서에서 데이터를 수집한다. 라즈베리 파이에는 아날로그 입력이 없다. 따라서 아두이노 보드를 사용해 신호를 읽는다.

이전 장에서는 장치를 라즈베리 파이에 연결하는 방법을 알아봤다. 이번 장에서는 센서를 아두이노 보드와 연결해 다양한 측정 장치로부터 실제 신호를 읽는 방법을 살펴본다. 3장에서 다루는 내용은 다음과 같다.

- 유량 센서를 사용해 물의 양 측정하기
- 센서로 가스 농도 측정
- 센서로 알코올 농도 측정
- 센서로 화재 감지
- 식물의 습도 측정
- 그릇의 수위 측정
- 온도, 습도, 빛을 측정하고 LCD에 데이터 표시하기
- PIR 센서로 움직임 감지
- 리드[reed] 스위치로 도어가 열려 있는지 감지
- 지문 센서로 출입 권한이 있는 사람 찾기

시스템이 실제 세상과 통신하도록 하는 것이 중요하다. 우리는 홈 시큐리티 시스템을 구축하고 있으므로 먼저 시스템에 필요한 센서를 연결하고 사용하는 방법을 배워야 한다.

다음 절에서는 도모틱스[domotics][1]와 시큐리티 시스템에서 사용하는 데이터를 읽는 데 필요한 센서에 대해 설명한다.

▌ 유량 센서를 사용해 물의 양 측정하기

가정에서 사용하는 물의 양을 자동으로 측정해보자. 이번 프로젝트에서는 센서를 사용해 이 값을 자동으로 측정하고 판독한다.

이 프로젝트를 위해 다음의 장치가 필요하다.

---

1 Domo(Home)와 automatic의 합성어로 가정의 자동화, 즉 스마트 홈과 같은 의미로 쓰인다. - 옮긴이

유량 센서와 아두이노 UNO 보드의 이미지는 다음과 같다.

하드웨어 연결

이제 유량 센서를 연결해보자. 유량 센서에는 세 개의 핀이 있다. 빨간색은 +VCC 5볼트
에 연결되고 검정색 핀은 GND에 연결된다. 노란색 핀은 다음 그림과 같이 아두이노 보
드의 핀 번호 2에 연결된다.

센서 신호 읽기

인터럽트interrupt는 다음과 같이 물 통과에 의해 생성된 펄스의 계산에 사용된다.

```
attachInterrupt(0, count_pulse, RISING);
```

인터럽트 유형이 RISING인 경우 로우 상태에서 하이 상태로 통과하는 펄스를 카운트한다. 펄스를 카운트하는 함수는 다음과 같다.

```
voidcount_pulse()
{
pulse++;
}
```

▌아두이노로 펄스를 읽고 계산하기

인터럽트를 사용해 센서의 신호를 카운트하고 실행해 RISING으로 구성했다. 따라서 이 코드에서는 디지털 신호 0부터 디지털 신호 1까지의 펄스를 계산한다.

```
int pin = 2;
volatile unsigned int pulse;
constintpulses_per_litre = 450;

void setup()
{
Serial.begin(9600);

pinMode(pin, INPUT);
attachInterrupt(0, count_pulse, RISING);
}
```

```
void loop( )
{
pulse=0;
interrupts( );
delay(1000);
noInterrupts( );

Serial.print("Pulses per second: ");
Serial.println(pulse);
}

voidcount_pulse( )
{
pulse++;
}
```

아두이노 직렬 모니터를 열고, 유량 센서에 입으로 바람을 분다. 그러면 다음 스크린샷과
같이 초당 펄스 수가 아두이노 직렬 모니터에 출력된다.

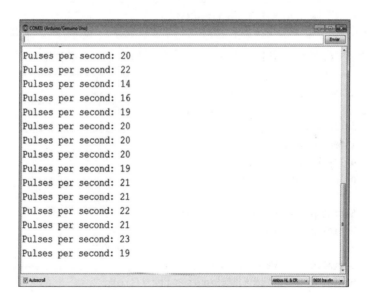

▌ 펄스 카운트로 물의 유속 계산하기

이 절에서는 펄스를 측정하고 다음 단계를 통해 펄스를 물의 유속으로 변환한다.

1. 새로운 아두이노 IDE를 열고 다음 스케치^{sketch}를 복사한다.

2. 아두이노 보드에서 스케치를 확인하고 업로드한다.

```
int pin = 2;
volatile unsigned int pulse;
constintpulses_per_litre = 450;

void setup()
{
  Serial.begin(9600);

  pinMode(pin, INPUT);
  attachInterrupt(0, count_pulse, RISING);
}
```

3. 다음 코드는 센서에서 읽는 펄스를 계산한다. 펄스 수를 초로 나누면 리터당 펄스 수를 구할 수 있다.

```
void loop()
{
  pulse = 0;
  interrupts();
  delay(1000);
  noInterrupts();

  Serial.print("Pulses per second: ");
  Serial.println(pulse);

  Serial.print("Water flow rate: ");
  Serial.print(pulse * 1000/pulses_per_litre);
```

```
  Serial.println(" milliliters per second");
  delay(1000);
}
void count_pulse()
{
  pulse++;
}
```

4. 아두이노 직렬 모니터를 열고, 유량 센서에 입으로 바람을 분다. 다음 스크린샷과 같이 초당 펄스 수와 초당 밀리리터의 유속이 각 루프의 아누이노 직렬 모니터에 출력된다.

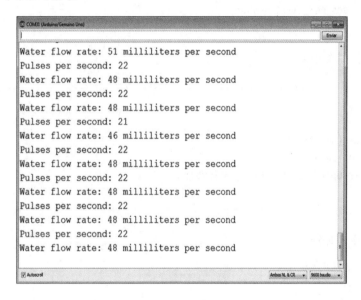

▌ 물의 유속과 부피 계산

이제 Flow_sensor_measure_volume.ino 파일에 코드를 복사하거나 이 프로젝트의 폴더에서 전체 코드를 가져올 수 있다.

이 절에서는 센서로부터 유속과 부피를 계산한다.

```
int pin = 2;
volatile unsigned int pulse;
float volume = 0;
floatflow_rate =0;
constintpulses_per_litre = 450;
```

인터럽트를 설정한다.

```
void setup( )
{
Serial.begin(9600);
pinMode(pin, INPUT);
attachInterrupt(0, count_pulse, RISING);
}
```

인터럽트를 시작한다.

```
void loop( )
{
pulse=0;
interrupts( );
delay(1000);
noInterrupts( );
```

그런 다음 센서의 유속을 표시한다.

```
Serial.print("Pulses per second: ");
Serial.println(pulse);

flow_rate = pulse * 1000/pulses_per_litre;
```

센서의 부피를 계산한다.

```
Serial.print("Water flow rate: ");
Serial.print(flow_rate);
Serial.println(" milliliters per second");

volume = volume + flow_rate * 0.1;
```

부피를 밀리리터로 표시한다.

```
Serial.print("Volume: ");
Serial.print(volume);
Serial.println(" milliliters");
}
```

펄스를 카운트하는 함수는 다음과 같다.

```
Void count_pulse()
{
  pulse++;
}
```

결과는 다음 스크린샷과 같다.

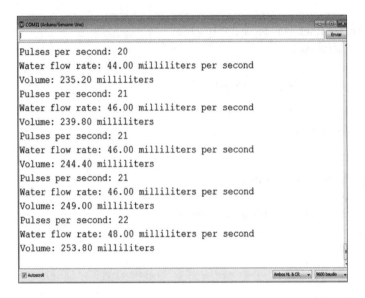

LCD에 측정된 매개변수 표시하기

LCD 화면을 아두이노 직렬 모니터에 연결해 표시하는 대신, 새로 구축한 유량계에 연결해 판독 값을 표시할 수 있다. 그리고 나서 아두이노에 스케치를 업로드한 후 컴퓨터에서 유량계를 분리할 수 있다.

먼저 LCD 라이브러리를 정의한다.

```
#include <LiquidCrystal.h>
```

그런 다음 프로그램에서 사용할 변수를 정의한다.

```
int pin = 2;
volatile unsigned int pulse;
```

```
float volume = 0;
floatflow_rate = 0;
constintpulses_per_litre = 450;
```

LCD 핀을 정의한다.

```
// 인터페이스 핀 번호로 라이브러리를 초기화한다
LiquidCrystallcd(12, 11, 6, 5, 4, 3);
```

감지를 위한 인터럽트를 정의한다.

```
void setup()
{
  Serial.begin(9600);
  pinMode(pin, INPUT);
  attachInterrupt(0, count_pulse, RISING);
```

이제 LCD에 메시지를 표시한다.

```
  // LCD의 열과 행 수를 설정한다
  lcd.begin(16, 2);
  // LCD에 메시지를 출력한다
  lcd.print("Welcome...");
  delay(1000);
}
```

이제 메인 루프에서 인터럽트를 정의한다.

```
void loop()
{
  pulse = 0;
```

```
interrupts();
delay(1000);
noInterrupts();
```

LCD에 값을 표시한다.

```
lcd.setCursor(0, 0);
lcd.print("Pulses/s: ");
lcd.print(pulse);

flow_rate = pulse*1000/pulses_per_litre;
```

그런 다음 유량 값을 표시한다.

```
lcd.setCursor(0, 1);
lcd.print(flow_rate,2); // 십진수 두 자리만 표시
lcd.print(" ml");
```

이제 부피 값을 표시한다.

```
volume = volume + flow_rate * 0.1;
lcd.setCursor(8, 1);
lcd.print(volume, 2); // 십진수 두 자리만 표시
lcd.println(" ml ");
}
```

이어서 펄스를 계산하는 함수를 정의한다.

```
void count_pulse()
{
  pulse++;
}
```

물의 흐름에 연결한 모습은 다음 그림과 같다.

다음 그림은 LCD에 표시되는 측정 값을 보여준다.

초당 펄스 수, 물의 유속, 시작 시점부터의 물의 총량과 같은 정보를 LCD 화면에서 볼 수 있다.

▌ 가스 농도 측정

이번에는 가스 누출을 감지할 수 있는 가스 감지 센서를 시스템에 적용해보자. 이 절에서는 가스 농도 센서를 아두이노 보드에 연결하고 값을 읽는 방법을 알아본다.

여기서는 가스 센서와 메탄 CH4 센서를 사용한다. 이 책에서는 200~10,000ppm의 농도를 감지할 수 있는 MQ-4 센서를 사용했다.

이 센서는 출력에 아날로그 저항이 있으므로 ADC에 연결할 수 있으며, 5볼트의 코일 에너자이즈energize 선이 필요하다. 센서의 이미지는 다음과 같다.

MQ-4 센서에 대한 정보는 https://www.sparkfun.com/products/9404에서 찾을 수 있다.

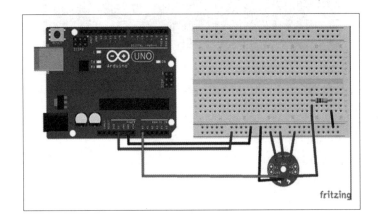

아두이노 보드에 센서 연결하기

앞의 다이어그램에 따라 센서를 연결한 모습은 다음 그림과 같다.

아두이노 IDE를 열고 다음 스케치를 복사한다.

```
void setup( ){
  Serial.begin(9600);
}

void loop( )
{
  float vol;
  int sensorValue = analogRead(A0);
  vol=(float)sensorValue/1024*5.0;
  Serial.println(vol,1);
  Serial.print("Concentration of gas= ");
  Serial.println(sensorValue);
  delay(2000);
}
```

화면에 다음과 같은 결과가 표시된다.

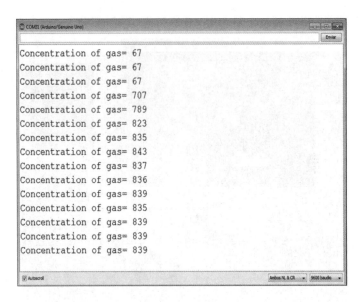

▌ 센서로 알코올 농도 측정

이 절에서는 여러분만의 알코올 농도 측정기를 만드는 매우 멋진 프로젝트를 수행해보자.

이를 위해 에탄올 가스 센서와 간단한 아두이노 UNO 보드를 사용한다.

다음 다이어그램은 아두이노에 센서를 연결한 모습을 보여준다.

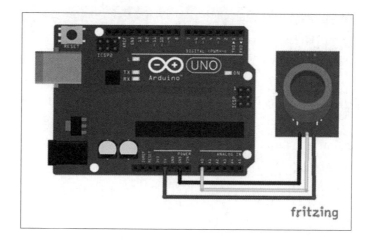

이제 프로젝트 코드를 작성한다. 여기서는 코드에서 가장 중요한 부분만 살펴본다.

이제 코드를 Sensor_alcohol.ino 파일에 복사하거나, 이 프로젝트의 폴더에서 전체 코드를 가져올 수 있다.

```
int readings=0;
void setup(){
Serial.begin(9600);
}

void loop(){
lectura=analogRead(A1);
Serial.print("Level of alcohol= ");
Serial.println(readings);
delay(1000);
}
```

알코올을 감지하지 못하면 아두이노가 읽는 값이 다음과 같이 표시된다.

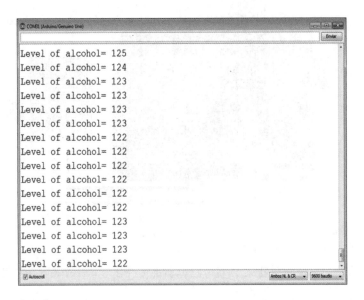

알코올을 감지하면 아두이노에서 읽은 아날로그 값이 다음 스크린샷과 같이 표시된다.

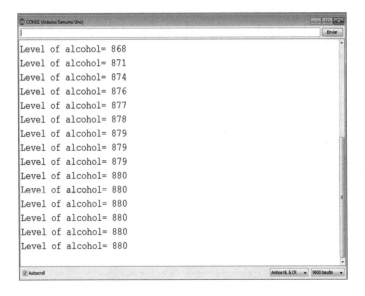

▍ 센서로 화재 감지하기

집에 화재가 발생할 경우 이를 감지하는 것은 매우 중요하다. 이번 절에서는 센서로 화재를 감지하는 프로젝트를 작성한다.

다음 이미지는 화재 센서 모듈을 보여준다.

이제 코드를 Sensor_fire.ino 파일에 복사하거나, 이 프로젝트의 폴더에서 전체 코드를 가져올 수 있다.

먼저 프로그램의 변수를 정의한다.

```
int ledPin = 13;
int inputPin= 2;
int val = 0;
```

출력 신호와 직렬 통신을 정의한다.

```
void setup( ) {
pinMode(ledPin, OUTPUT);
pinMode(inputPin, INPUT);
Serial.begin(9600);
}
```

이제 디지털 신호의 값을 표시한다.

```
void loop(){
val = digitalRead(inputPin);
Serial.print("val : ");
Serial.println(val);
digitalWrite(ledPin, HIGH); // LED를 켠다
```

그런 다음 비교한다. 값이 높은 논리 상태를 감지하면 출력을 끈다. 반대 값을 읽으면 디지털 신호를 켠다. 이것은 화재를 감지했음을 의미한다.

```
if (val == HIGH) {
  Serial.print("NO Fire detected ");
  digitalWrite(ledPin, LOW); // LED를 끈다
}
else{
  Serial.print("Fire DETECTED ");
  digitalWrite(ledPin, HIGH);
  }
}
```

아두이노 보드가 화재를 감지하면 디지털 입력에서 1을 읽는다. 이는 화재 감지가 없음을 의미한다.

```
COM31 (Arduino/Genuino Uno)
                                                    Enviar
NO Fire detected val : 1
NO Fire detected val : 1
NO Fire detected val : 1
NO Fire detected val : 1
NO Fire detected val : 1
NO Fire detected val : 1
NO Fire detected val : 1
NO Fire detected val : 1
NO Fire detected val : 1
NO Fire detected val : 1
NO Fire detected val : 1
NO Fire detected val : 1
NO Fire detected val : 1
NO Fire detected val : 1
NO Fire detected val : 1
NO Fire detected
Autoscroll                    Ambos NL & CR    9600 baudio
```

화재가 감지되면 디지털 입력에서 0을 읽는다.

```
COM31 (Arduino/Genuino Uno)
                                                    Enviar
NO Fire detected val : 0
Fire DETECTED val : 0
Fire DETECTED val : 0
Fire DETECTED val : 0
Fire DETECTED val : 0
Fire DETECTED val : 0
Fire DETECTED val : 0
Fire DETECTED val : 0
Fire DETECTED val : 0
Fire DETECTED val : 0
Fire DETECTED val : 0
Fire DETECTED val : 0
Fire DETECTED val : 0
Fire DETECTED val : 0
Fire DETECTED val : 0
Fire DETECTED
Autoscroll                    Ambos NL & CR    9600 baudio
```

▌ 식물의 습도 측정

이 절에서는 센서를 이용해 식물 내부와 토양의 습도를 측정한다.

첫 번째 코드의 중요 부분을 살펴보자. 그런 다음 직렬 통신을 설정한다.

```
int value;

void setup( ) {
Serial.begin(9600);
}
```

메인 루프에서는 센서로부터 아날로그 신호를 읽는다.

```
void loop( ){
Serial.print("Humidity sensor value:");
Value = analogRead(0);
Serial.print(value);
```

센서의 값을 비교하고 결과를 직렬 인터페이스에 표시한다.

```
if (Value<= 300)
Serial.println(" Very wet");
if ((Value > 300) and (Value<= 700))
Serial.println(" Wet, do not water");
if (Value> 700)
Serial.println(" Dry, you need to water");
delay(1000);
}
```

다음 스크린샷은 측정 결과를 보여준다.

03장 센서 연결: 실제 데이터 측정 | 107

다음 스크린샷은 이미 토양에 충분한 수분이 포함돼 있으므로 식물에 물을 줄 필요가 없음을 보여준다.

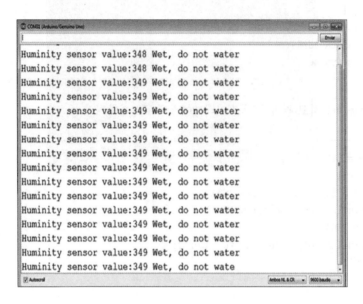

▌ 그릇의 수위 측정

때로는 그릇이나 수조의 수위를 측정해야 할 때가 있다. 이번 절에서는 이에 대해 알아본다.

일반적으로 센서는 열려 있다. 물이 한계를 초과하면 접촉부가 열리고 아두이노 보드에 신호가 전송된다. 디지털 입력인 핀 번호 2를 사용한다.

프로그램에서 변수와 const를 선언한다.

```
const int buttonPin = 2; // 입력 센서 핀 번호
const int ledPin = 13; // LED 핀 번호
```

또한 디지털 신호의 상태를 정의한다.

```
// 변수가 변경된다
intbuttonState = 0; // 푸시 버튼 상태를 읽는 변수
```

프로그램, 입력, 출력의 신호를 구성한다.

```
void setup( ) {
  // LED 핀을 출력으로 초기화한다
pinMode(ledPin, OUTPUT);
  // 푸시 버튼 핀을 입력으로 초기화한다
pinMode(buttonPin, INPUT);
Serial.begin(9600);
}
```

디지털 입력 상태를 읽는다.

```
void loop( ) {
  // 푸시 버튼 값의 상태를 읽는다
buttonState = digitalRead(buttonPin);
```

센서를 비교한다.

```
if (buttonState == HIGH) {
Serial.println(buttonState);
Serial.println("The recipient is fulled");
digitalWrite(ledPin, HIGH);
delay(1000);
  }
```

센서가 LOW 레벨을 감지하면 그릇이 빈 것이다.

```
else {
digitalWrite(ledPin, LOW);
Serial.println(buttonState);
Serial.println("The recipient is empty");
delay(1000);
  }
}
```

다음 스크린샷은 그릇이 비어있을 때의 결과를 보여준다.

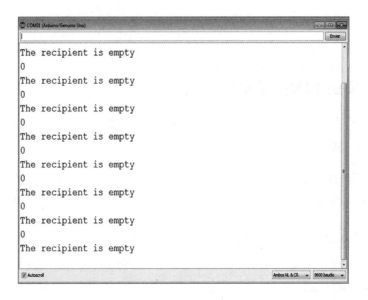

물이 한계를 초과했다.

▌ 온도, 습도, 빛을 측정하고 LCD에 데이터 표시하기

이 절에서는 온도, 습도, 빛을 측정하고 LCD 화면에 표시하는 방법을 살펴본다.

하드웨어 및 소프트웨어 요구 사항

이 프로젝트에서는 아두이노 UNO 보드를 사용하지만 아두이노 MEGA를 사용할 수도 있다. 아두이노 MEGA도 완벽하게 동작한다.

온도를 측정하기 위해 DHT11 센서와 4.7킬로옴의 저항, 포토 레지스터(광 센서), 10킬로옴의 저항이 필요하다.

또한 16×2 LCD 화면이 필요하다. 이 책에서는 아두이노 카드와 화면을 연결하기 위해 I2C 통신 모듈을 사용했다. 데이터를 전송하는 데 아두이노의 두 핀만 필요하므로 이 모듈의 사용을 추천한다.

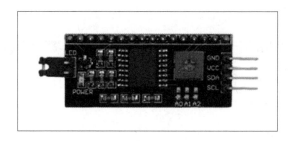

마지막으로 브레드보드와 male–male 케이블과 female–male 케이블이 필요하다.

다음은 프로젝트 구성 요소의 목록이다.

- 아두이노 UNO
- 온도 및 습도 센서 DHT11
- 16×2 LCD 화면
- LCD용 I2C 모듈

- 브레드보드
- 케이블

이제 구성 요소들을 연결한다.

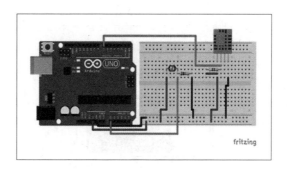

다음은 온도 및 습도 DHT11 센서의 이미지다.

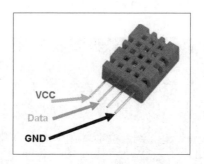

그런 다음 DHT11 센서의 핀 번호 1(VCC)을 브레드보드의 빨간색 선에 연결하고 4번 핀 (GND)을 파란색 선에 연결한다. 또한 센서의 2번 핀을 아두이노 보드의 7번 핀에 연결한 다. 마지막으로 DHT11 센서의 1번 핀과 2번 핀 사이에 4.7킬로옴의 저항을 연결한다.

브레드보드에 10킬로옴의 저항을 직렬로 배치한다. 그런 다음 포토레지스터photoresistor의 한쪽 끝을 브레드보드의 빨간색 선에, 그리고 저항의 한쪽 끝을 파란색 선(접지)에 연결한 다. 마지막으로 포토레지스터와 저항 사이의 공통 핀을 아두이노 아날로그 핀 A0에 연결한다.

이제 LCD 화면을 연결한다. I2C 인터페이스가 있는 LCD 화면을 사용하기 때문에 신호와 파워 연결에 두 개의 케이블만 필요하다. I2C 모듈의 VDC 핀을 브레드보드의 빨간색 선에 연결하고, GND 핀을 브레드보드의 파란색 선에 연결한다. 그런 다음 SDA 핀 모듈을 아두이노 핀 A4에 연결하고 A5 SCL 핀을 아두이노 핀에 연결한다.

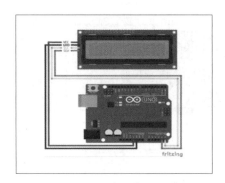

다음은 완전히 조립된 전체 프로젝트의 이미지를 보여준다.

센서 테스트

이제 하드웨어 프로젝트의 조립이 끝났으므로 다양한 센서를 테스트해보자. 이를 위해 아두이노에서 센서 데이터를 읽고 직렬 포트에 이 데이터를 출력하는 간단한 스케치를 작성한다.

이제 Testing_sensors_Temp_Hum.ino 파일에 코드를 복사하거나, 이 프로젝트의 폴더에서 전체 코드를 가져올 수 있다.

먼저 라이브러리를 정의한다.

```
#include "DHT.h"
#define DHTPIN 7
#define DHTTYPE DHT11
```

센서 유형을 정의한다.

```
DHT dht(DHTPIN, DHTTYPE);
```

그런 다음 직렬 통신을 구성한다.

```
void setup()
{
Serial.begin(9600);
dht.begin();
}
```

센서 값을 읽는다.

```
void loop()
{
```

```
float temp = dht.readTemperature();
float hum = dht.readHumidity();
float sensor = analogRead(0);
float light = sensor / 1024 * 100;
```

직렬 인터페이스에 값을 표시한다.

```
Serial.print("Temperature: ");
Serial.print(temp);
Serial.println(" C");
Serial.print("Humidity: ");
Serial.print(hum);
Serial.println("%");
Serial.print("Light: ");
Serial.print(light);
Serial.println("%");
delay(700);
}
```

코드를 아두이노 보드에 다운로드하고 직렬 모니터를 열어 전송된 데이터를 표시한다. 직렬 포트 전송 속도가 9600인지 확인한다. 다음과 같이 표시된다.

LCD에 데이터 표시하기

이제 다음 단계로 정보를 통합해 LCD 화면에 표시해보자. 센서 판독 값 부분은 동일하므로, 통신과 LCD에 데이터를 표시하는 부분만 자세히 설명한다. 다음은 전체 코드를 설명과 함께 보여준다.

이제 코드를 LCD_sensors_temp_hum.ino 파일에 복사하거나, 이 프로젝트의 폴더에서 전체 코드를 가져올 수 있다.

프로그램에 필요한 라이브러리를 포함시킨다.

```
#include <Wire.h>
#include <LiquidCrystal_I2C.h>
#include "DHT.h"
#define DHTPIN 7
#define DHTTYPE DHT11
```

LCD 주소를 정의한다.

```
LiquidCrystal_I2C lcd(0x3F,16,2);
DHT dht(DHTPIN, DHTTYPE);
```

LCD 화면을 시작한다.

```
void setup()
{
lcd.init();
lcd.backlight();
lcd.setCursor(1,0);
lcd.print("Hello !!!");
lcd.setCursor(1,1);
lcd.print("Starting ...");
```

dht 센서의 시작을 정의한다.

```
dht.begin();
delay(2000);
lcd.clear();
}
```

센서를 읽고 변수에 값을 저장한다.

```
void loop()
{
  float temp = dht.readTemperature();
  float hum = dht.readHumidity();
  float sensor = analogRead(0);
  float light = sensor / 1024 * 100;
```

LCD 화면에 값을 표시한다.

```
  lcd.setCursor(0,0);
  lcd.print("Temp:");
  lcd.print(temp,1);
  lcd.print((char)223);
  lcd.print("C");
  lcd.setCursor(0,1);
  lcd.print("Hum:");
  lcd.print(hum);
  lcd.print("%");
  lcd.setCursor(11,1);
  //lcd.print("L:");
  lcd.print(light);
  lcd.print("%");
  delay(700);
}
```

다음 단계로 예제를 아두이노 보드에 다운로드한다. 잠시 기다리면 LCD에 값이 표시된
다. 다음은 프로젝트가 실제 동작하는 모습을 보여준다.

▌ PIR 센서로 움직임 감지

모션 감지 센서 PIR을 사용해 프로젝트를 구축해보자. 누군가가 앞에서 걸어오면 색상이
빨간색으로 바뀌는 방의 상단 모서리에 있는 작은 흰색 플라스틱 모듈을 본 적이 있는가?
이 프로젝트에서 이것을 구현해보자.

모션 센서에는 전원 공급용 두 개와 신호용 한 개, 이렇게 세 개의 핀이 있다. 5볼트로 동
작하는 아두이노 카드와 호환되도록 5볼트 전압 레벨을 사용한다. 다음 그림은 간단한 모
션 센서를 보여준다.

실용적인 목적으로 모션 센서 연결용 입력 핀 8과 5볼트의 신호 전압, 접지 GRD를 사용한다.

아두이노에 PIR 센서 연결하기

PIR 센서는 체온(적외선 에너지)을 감지한다. 패시브passive 적외선 센서는 홈 시큐리티 시스템에서 가장 널리 사용되는 모션 감지기다. 센서가 예열되면 주변 지역의 열과 움직임을 감지해 보호 그리드를 만든다. 움직이는 물체가 상당히 많은 그리드 영역을 차단하고 적외선 에너지 수준이 빠르게 변화하면 센서가 트립된다.

이제 아두이노와 모션 센서 사이의 통신을 테스트해보자.

변수와 직렬 통신을 정의하고, 디지털 핀 8, 입력 신호를 정의하고, 신호의 상태를 읽고, 센서의 상태 신호를 표시한다.

```
int sensor = 8;
void setup() {
Serial.begin(9600);
pinMode(sensor,INPUT);
}
void loop(){
// 센서 읽기
int state = digitalRead(sensor);
Serial.print("Detecting sensor: ");
Serial.println(state);
delay(100);
}
```

▌ 리드 스위치로 도어가 열려 있는지 감지

문이나 창문이 열려 있는지 감지하는 자기 센서를 구현하는 예제를 살펴본다.

센서는 자기장을 감지하면 0을 출력하고, 필드가 멀어지면 1을 출력한다. 이를 통해 문이 열렸는지 닫혔는지를 알 수 있다.

아두이노 프로그램은 다음과 같이 수행된다.

센서의 입력 신호를 정의하고 직렬 통신을 구성한다.

```
void setup() {
  pinMode(sensor, INPUT_PULLUP);
  Serial.begin(9600);
}
```

센서의 상태를 읽는다.

```
void loop() {
state = digitalRead(sensor);
```

디지털 입력을 비교하고 직렬 인터페이스에 문의 상태를 표시한다.

```
if (state == LOW){
  Serial.println("Door Close");
}
if (state == HIGH){
  Serial.println("Door Open");
}
}
```

▌ 지문 센서로 출입 권한이 있는 사람 찾기

이 절에서는 완벽한 보안 시스템을 구축하는 데 도움이 되는 프로젝트를 작성해본다. 이 프로젝트에서는 다음 이미지와 같이 지문 센서를 사용해 지문을 읽고 접근을 처리한다.

여기서는 릴레이relay를 활성화하기 위해 하드웨어를 연결하고 구성하는 방법을 살펴본다.

하드웨어 구성

다른 프로젝트와 마찬가지로 아두이노 UNO 보드를 프로젝트의 두뇌로 사용한다. 이 프로젝트의 가장 중요한 부분은 지문 센서다.

먼저 이 프로젝트의 다양한 부품을 어떻게 조립하는지 살펴본다. 전원 공급 장치를 연결하는 것으로 시작한다. 아두이노 보드의 5볼트 핀을 빨간색 전원 레일rail에 연결하고, GND는 아두이노에서 브레드보드의 파란색 전원 레일에 연결한다.

이제 지문 센서를 연결한다. 먼저 케이블을 브레드보드의 해당 색상에 연결해 전원을 연결한다. 그런 다음 센서의 흰색 선을 아두이노 3번 핀에 연결하고 녹색 선을 2번 핀에 연결한다.

다음으로 릴레이 모듈을 연결한다. VCC 핀을 빨간색 전원 레일에 연결하고, GND 핀을 파란색 전원 레일에 연결하고, EN 핀을 아두이노 7번 핀에 연결한다.

지문 저장

다음은 Adafruit_Fingerprint 라이브러리에서 ID의 지문을 직접 등록하는 예제다.

먼저 라이브러리를 정의한다.

```
#include <Adafruit_Fingerprint.h>
#include <SoftwareSerial.h>
```

읽은 ID와 등록을 처리하는 함수를 정의한다.

```
uint8_t id;
uint8_tgetFingerprintEnroll();
```

장치와의 직렬 통신을 정의한다.

```
SoftwareSerialmySerial(2, 3);
Adafruit_Fingerprint finger = Adafruit_Fingerprint(&mySerial);
```

센서의 인스턴스를 선언한다.

```
//Adafruit_Fingerprint finger = Adafruit_Fingerprint(&Serial1);
```

센서가 구성되면 이를 설정하고 표시한다.

```
void setup()
{
  while (!Serial);
  delay(500);
```

센서 확인을 표시한다.

```
Serial.begin(9600);
Serial.println("Adafruit Fingerprint sensor enrollment");
// 센서 직렬 포트의 데이터 속도 설정
finger.begin(57600);
```

센서가 감지하면 이를 식별한다.

```
if (finger.verifyPassword()) {
Serial.println("Found fingerprint sensor!");
} else {
  Serial.println("Did not find fingerprint sensor :(");
  while (1);
  }
}
uint8_treadnumber(void) {
uint8_tnum = 0;
booleanvalidnum = false;
while (1) {
  while (! Serial.available());
    char c = Serial.read();
    if (isdigit(c)) {
      num *= 10;
      num += c - '0';
      validnum = true;
      } else if (validnum) {
        returnnum;
      }
    }
  }
```

등록하는 ID를 표시한다.

```
void loop( ) // 반복해서 수행한다
{
Serial.println("Ready to enroll a fingerprint! Please Type in the ID # you
want to save this finger as...");
id = readnumber();
Serial.print("Enrolling ID #");
Serial.println(id);

while (! getFingerprintEnroll() );
}
```

등록 함수는 다음과 같다.

```
uint8_tgetFingerprintEnroll() {
int p = -1;
Serial.print("Waiting for valid finger to enroll as #");
Serial.println(id);
while (p != FINGERPRINT_OK) {
    p = finger.getImage();
switch (p) {
case FINGERPRINT_OK:
Serial.println("Image taken");
break;
case FINGERPRINT_NOFINGER:
Serial.println(".");
break;
case FINGERPRINT_PACKETRECIEVEERR:
Serial.println("Communication error");
break;
case FINGERPRINT_IMAGEFAIL:
Serial.println("Imaging error");
break;
default:
```

```
Serial.println("Unknown error");
break;
    }
  }
```

센서가 이미지를 성공적으로 읽으면 다음과 같이 표시된다.

```
  p = finger.image2Tz(1);
switch (p) {
case FINGERPRINT_OK:
Serial.println("Image converted");
break;
case FINGERPRINT_IMAGEMESS:
Serial.println("Image too messy");
return p;
case FINGERPRINT_PACKETRECIEVEERR:
Serial.println("Communication error");
return p;
case FINGERPRINT_FEATUREFAIL:
Serial.println("Could not find fingerprint features");
return p;
case FINGERPRINT_INVALIDIMAGE:
```

지문의 특징을 찾을 수 없으면 다음과 같이 표시된다.

```
Serial.println("Could not find fingerprint features");
return p;
default:
Serial.println("Unknown error");
return p;
  }
```

지문 센서를 제거한다.

```
Serial.println("Remove finger");
delay(2000);
  p = 0;
while (p != FINGERPRINT_NOFINGER) {
p = finger.getImage();
  }
Serial.print("ID "); Serial.println(id);
p = -1;
Serial.println("Place same finger again");
while (p != FINGERPRINT_OK) {
  p = finger.getImage();
switch (p) {
case FINGERPRINT_OK:
Serial.println("Image taken");
break;
case FINGERPRINT_NOFINGER:
Serial.print(".");
break;
case FINGERPRINT_PACKETRECIEVEERR:
Serial.println("Communication error");
break;
case FINGERPRINT_IMAGEFAIL:
Serial.println("Imaging error");
break;
default:
Serial.println("Unknown error");
break;
    }
  }
```

지문 센서용 이미지는 다음과 같다.

```
  p = finger.image2Tz(2);
switch (p) {
case FINGERPRINT_OK:
Serial.println("Image converted");
break;
case FINGERPRINT_IMAGEMESS:
Serial.println("Image too messy");
return p;
case FINGERPRINT_PACKETRECIEVEERR:
Serial.println("Communication error");
return p;
case FINGERPRINT_FEATUREFAIL:
Serial.println("Could not find fingerprint features");
return p;
case FINGERPRINT_INVALIDIMAGE:
Serial.println("Could not find fingerprint features");
return p;
default:
Serial.println("Unknown error");
return p;
  }
```

올바른 경우 다음과 같이 표시된다.

```
Serial.print("Creating model for #"); Serial.println(id);

  p = finger.createModel();
if (p == FINGERPRINT_OK) {
Serial.println("Prints matched!");
  } else if (p == FINGERPRINT_PACKETRECIEVEERR) {
Serial.println("Communication error");
return p;
  } else if (p == FINGERPRINT_ENROLLMISMATCH) {
```

```
Serial.println("Fingerprints did not match");
return p;
  } else {
Serial.println("Unknown error");
return p;
  }
```

센서의 결과를 표시한다.

```
Serial.print("ID "); Serial.println(id);
  p = finger.storeModel(id);
if (p == FINGERPRINT_OK) {
Serial.println("Stored!");
  } else if (p == FINGERPRINT_PACKETRECIEVEERR) {
Serial.println("Communication error");
return p;
  } else if (p == FINGERPRINT_BADLOCATION) {
Serial.println("Could not store in that location");
return p;
  } else if (p == FINGERPRINT_FLASHERR) {
Serial.println("Error writing to flash");
return p;
  } else {
Serial.println("Unknown error");
return p;
}
}
```

센서 테스트

직렬 모니터를 연 다음, 이전 단계에서 저장한 ID 번호를 입력한다.

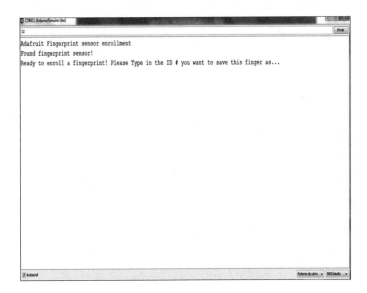

다음 스크린샷은 동일한 손가락을 센서에 다시 올리도록 알린다.

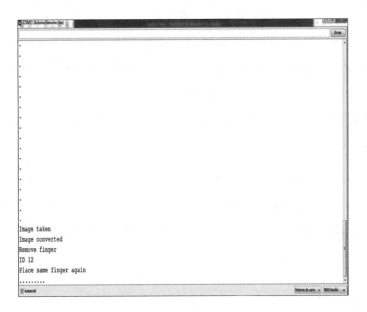

다음 스크린샷은 디지털 지문이 성공적으로 저장됐음을 나타낸다.

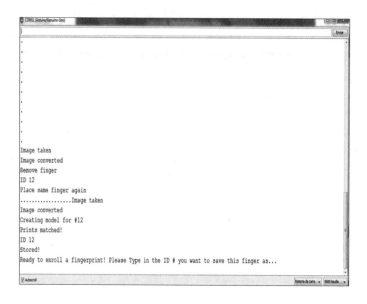

▌ 요약

3장에서는 에너지 소비 측정을 위한 전류 흐름 측정, 가정에서의 위험 감지와 가스 센서 구현, 물의 양을 측정하는 유량 센서 구현, 보안 시스템 제작, 지문 센서로의 접근 제어 등 아두이노 보드에 연결된 다양한 센서와 상호작용하는 방법을 살펴봤다. 이들 센서를 통합해 프로젝트에서 작업하는 모든 것들을 모니터링하고 제어하는 완벽한 시스템을 구축할 수 있다.

4장에서는 시스템을 모니터링하고 제어하기 위해 모든 것을 통합하는 방법과 아두이노 보드와 라즈베리 파이 제로를 중앙 인터페이스로 사용해 대시보드에서 센서와 액추에이터actuator를 읽는 방법을 살펴본다.

04

연결 장치 제어

4장에서는 다음 모듈을 사용해 Wi-Fi 실드shield와 이더넷 실드 네트워크에서 통신하고, 이를 통해 원격 사이트에서 라즈베리 파이 제로와 아두이노 UNO로 장치를 제어하는 방법을 살펴본다. 4장에서 다루는 주제는 다음과 같다.

- Node.js로 간단한 웹 서버 만들기
- Restful API와 Node.js를 사용해 라즈베리 파이 제로에서 릴레이 제어하기
- 컴퓨터에서 Node.js로 웹 서버 구성하기
- 아두이노 Wi-Fi로 Node.js를 사용해 온도, 습도, 빛 모니터링하기
- 아두이노 이더넷으로 Node.js를 사용해 온도, 습도, 빛 모니터링하기

▌ Node.js로 간단한 웹 서버 만들기

라즈베리 파이를 사용하는 중요한 이유 중 하나는 서비스와 서버로 구성된 실제 컴퓨터를 구동할 수 있다는 것이다. 이 절에서는 Node.js를 설치하는 방법을 설명한다. Node.js는 이 책에서 다루는 대부분의 애플리케이션을 실행하는 데 사용하는 강력한 프레임워크다. 다행히 Node.js를 라즈베리 파이에 설치하는 것은 매우 간단하다.

4장의 폴더에서 webserver.js라는 파일을 열고, 포트 8056에 서버를 생성해보자. 프로그램을 테스트하고 결과를 보려면 MS-DOM 인터페이스에서 Node.js 터미널을 열고 다음 명령으로 이 파일을 실행해야 한다.

```
node webserver.js
```

webserver.js 파일에 다음 줄을 추가해 HTTP 요청 명령을 선언한다.

```
var http = require('http');
```

다음 함수를 사용해 서버를 생성한다.

```
http.createServer(function (req, res) {
```

HTML 코드에 표시할 파일의 내용을 정의한다.

```
res.writeHead(200, {'Content-Type': 'text/plain'});
```

서버에서 응답을 보낸다.

```
res.end('Hello from Node.js');
```

열려고 하는 포트를 정의한다.

```
}).listen(8056);
```

서버의 메시지를 표시한다.

```
console.log('Server running at port 8056');
```

이 프로그램을 테스트하려면 로컬 컴퓨터에서 브라우저를 열고 http://192.168.1.105:8056으로 이동한다. 다음 화면이 표시되면 Node.js 서버가 컴퓨터에서 완벽하게 실행되고 있는 것이다. 여러분 컴퓨터의 IP 주소에 맞게 바꾼다.

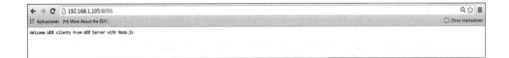

Restful API와 Node.js를 사용해 라즈베리 파이 제로에서 릴레이 제어하기

이 절에서는 웹 브라우저에서 연속된 명령을 보내는 아두이노 UNO 보드에 연결된 릴레이 모듈의 제어 방법을 알아본다.

JSON 구조

JSON^{JavaScript Object Notation}은 간단한 경량의 데이터 교환 포맷이다. 사람이 읽고 쓰기 쉬울 뿐만 아니라 기계에서 생성하고 파싱하기에도 쉽다. JSON은 자바스크립트 프로그래밍 언어를 기반으로 한다.

JSON은 두 가지 구조로 구성된다.

- 이름/값 쌍의 집합. 다양한 언어에서 객체나 레코드, 구조체, 딕셔너리dictionary, 해시 테이블, 키 목록 또는 연관 배열로 구현된다.
- 순서 있는 값의 목록. 대부분의 언어에서 배열이나 벡터, 목록 또는 시퀀스로 구현된다.

먼저, 다음과 같이 이 구조를 설명하는 데 사용되는 JSON 형식의 적용 방법을 알아야한다.

```
{"data": "Pin D6 set to 1", "id": "1", "name": "Arduino", "connected": true}
```

다음 형식을 따른다.

- Data: 명령의 개수를 정의하고, 이어서 명령의 정의를 기술한다.
- Name: 기기의 이름
- Connected: 기기가 연결됐는지 여부를 확인한다.

{ } 사이의 모든 데이터가 JSON 형식을 정의하는 데 사용된다.

aREST API 명령

이와 같이 aREST 명령을 사용해 아두이노와 장치를 정의한 후 웹 브라우저에서 제어할 수 있다. 다음은 aREST API의 명령 예제다.

- IP_Address_of the device/mode/6/o: 디지털 핀 6을 출력 핀처럼 구성한다.
- IP_Address_of the device /digital/6/1: 출력 6을 구성하고 디지털라이트 digitalwrite와 같은 기능으로 만든다. 예를 들어 http://192.168.1.100/digital/6/1 은 장치의 IP 주소와 활성화할 핀 번호를 정의한다.

라즈베리 파이 제로에 Node.js 설치하기

Node.js는 자바스크립트 코드로 여러분의 기기에서 실행되는 서버를 만들 수 있는 도구다. 이 프레임워크를 적용해 웹 서버를 구축한다.

Node.js를 사용한다는 것은 포트를 열어 웹 서버를 구성하고 장치는 이 웹 서버에 연결할 수 있다는 의미다.

다음 명령을 사용해 Node.js를 라즈베리 파이 제로에 설치한다.

```
sudo apt-get install nodejs
```

NPM은 Node.js 자바스크립트 런타임 환경의 기본 패키지 관리자다. aREST 모듈을 구성하고 설치하기 위해 터미널에 다음 줄을 입력한다.

```
sudo npm install arest
```

익스프레스Express는 HTTP 서버에 작고 견고한 도구를 제공하는 단일 페이지 애플리케이션과 웹사이트, 하이브리드, 또는 공개 HTTP API에 적합한 솔루션이다.

다음 명령을 사용해 익스프레스 모듈을 구성한다.

```
sudo npm install express
```

▮ 웹 브라우저에서 aREST 명령을 사용해 릴레이 제어하기

이번 절에서는 aRest 명령을 사용해 웹 브라우저에서 디지털 출력을 제어하는 방법을 알아본다. 그럼 좀 더 자세한 내용을 살펴보자.

웹 서버 구성

이제 outputcontrol.js라는 파일에 코드를 복사하거나, 이 프로젝트의 폴더에서 전체 코드를 가져와서 Node.js로 실행할 수 있다. 라즈베리 파이에서 터미널을 열고 다음을 입력한다.

```
sudo node output control.js
```

다음을 사용해 명령을 가져오는 장치의 GPIO를 정의한다.

```
var gpio = require('rpi-gpio');
```

이제 다음 줄로 Node.js를 사용해 웹 서버를 생성한다.

실행에 필요한 필수 패키지를 가져온다. 다음을 사용해 라이브러리를 선언한다.

```
var express = require('express');
var app = express();
```

본문 파서를 정의하고 포트를 연다. 여기서는 8099다.

```
var Parser = require('body-parser');
var port = 8099;
```

본문 파서를 사용한다.

```
app.use(Parser.urlencoded({ extended: false }));
app.use(Parser.json());
```

제어할 GPIO 11을 구성한다.

```
gpio.setup(11,gpio.DIR_OUT);
```

웹 브라우저에서 호출할 함수를 정의한다.

함수의 이름은 ledon이다. 이 함수는 GPIO 11을 활성화하고 'led1이 켜져 있다(led1 is on)'는 메시지를 화면에 보낸다.

```
function ledon() {
  setTimeout(function() {
    console.log('led1 is on');
    gpio.write(11, 1);
  }, 2000);
}
```

다음 함수는 ledoff다. 이 함수는 GPIO 11을 끄고 'led1이 꺼져 있다(led1 is off)'는 메시지를 화면에 보낸다.

```
function ledoff() {
  setTimeout(function() {
    console.log('led1 is off');
    gpio.write(11, 0);
  }, 2000);
}
```

브라우저가 ledon이라는 함수를 받으면 서버로 보내는 요청을 생성하는 GET 함수를 정의한다. 이 함수는 {status:"connected",led:"on"} 같은 형식으로 응답한다.

이제 클라이언트로부터 들어오는 요청을 처리하는 함수를 선언한다.

```
app.get('/ledon', function (req, res) {
  ledon();
  var data ={status:"connected",led:"on"};
  res.json(data);
});
```

브라우저가 /ledoff라는 함수를 받으면 서버로 보내는 요청을 생성하는 GET 함수를 정의
한다. 이 함수는 {status:"connected",led:"off"} 같은 형식으로 응답한다.

```
app.get('/ledoff', function (req, res) {
  ledoff();
  var data ={status:"connected",led:"off"};
  res.json(data);
});
```

이제 웹 서버에서 포트를 연다.

```
app.listen(port);
console.log('Server was started on ' + port);
```

모든 작업을 잘 수행했다면 선호하는 브라우저로 http://IP_address of your Raspberry_
PI_zero:port/command에 연결한다.

예제의 경우는 192.168.1.105:8099/ledon을 입력한다.

다음 스크린샷은 JSON 요청의 응답을 보여준다.

140

최종 결과는 다음 이미지와 같다.

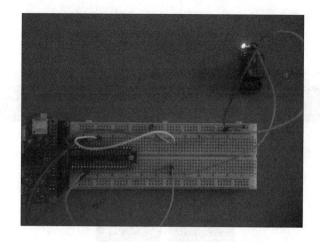

컴퓨터에서 Node.js로 웹 서버 구성하기

Node.js는 서버 측 네트워킹 애플리케이션 개발을 위한 오픈소스, 크로스 플랫폼 런타임 환경이다. Node.js 애플리케이션은 자바스크립트로 작성되며 OS X, 마이크로소프트 윈도우, 리눅스의 런타임에서 실행할 수 있다.

Node.js는 또한 Node.js로 쉽게 웹 애플리케이션을 개발할 수 있게 해주는 풍부한 자바스크립트 모듈 라이브러리를 제공한다.

이전 절에서는 라즈베리 파이 제로에서 Node.js를 구성했다. 이번 절에서는 윈도우 운영체제를 사용해 동일한 작업을 수행하고 Node.js 웹 서버를 구성한다.

이 절의 주목적은 Node.js 프레임워크에서 실행되는 웹 서버에서 아두이노 보드를 제어하는 방법을 설명하는 데 있다. 이를 위해 Node.js의 설치가 중요하다. 우리의 예제 시스템은 윈도우 컴퓨터에서 실행된다.

이 절에서는 윈도우에 Node.js를 설치하는 방법을 설명한다.

Node.js 다운로드

먼저 64비트 윈도우용 Node.js를 다운로드한다. 운영체제 버전에 따라 다운로드 파일이 달라진다. https://nodejs.org/es/download/ 링크로 이동한다.

Node.js 설치

소프트웨어를 다운로드한 후 다음 절차를 따른다.

1. Next 버튼을 누른다.

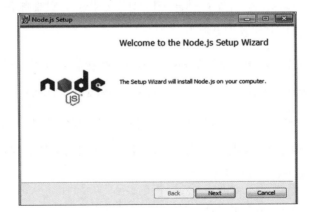

2. Next 버튼을 누른다.

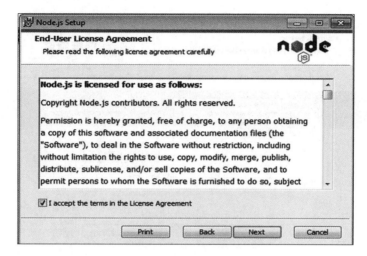

3. 설치할 위치를 선택한다.

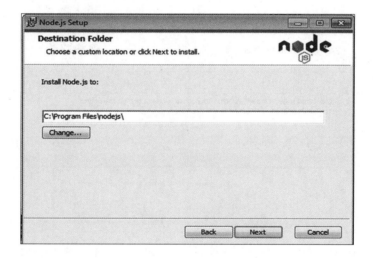

4. 디폴트 구성을 선택한다.

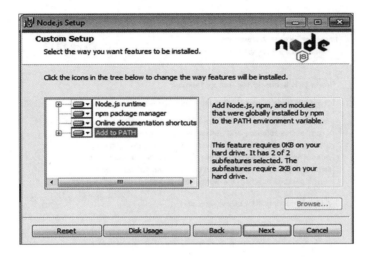

5. Install을 클릭해 구성을 완료한다.

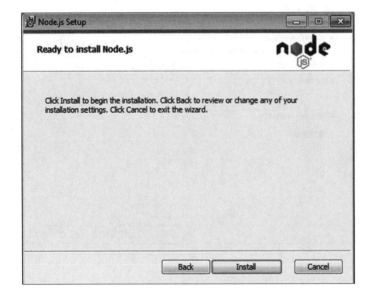

6. 설치가 완료되면 다음 화면이 표시된다.

Node.js로 웹 서버 포트 8080 구성하기

원격 브라우저의 연결을 기다릴 포트를 구성한다. 4장의 예제 폴더에서 파일을 열고 Node.js로 실행한다.

이제 server.js라는 파일에 코드를 복사하거나, 이 프로젝트의 폴더에서 전체 코드를 가져온다.

먼저 다음 코드를 사용해 서버를 생성한다.

```
var server = require('http');
```

브라우저의 요청에 응답하는 loadServer라는 함수를 생성한다.

```
function loadServer(requiere,response){
  console.log("Somebody is connected");
```

이 함수가 200으로 응답하면, 연결이 잘 설정되고 서버가 완벽하게 동작하는 것을 의미한다.

```
response.writeHead(200,{"Content-Type":"text/html"});
  response.write("<h1>The Server works perfect</h1>");
  response.end();
}
```

서버 포트를 생성하고 연다.

```
server.createServer(loadServer).listen(8080);
```

컴퓨터에 설치된 Node.js 서버로 터미널을 연 다음 MS-DOS 인터페이스에 다음 명령을 입력한다.

```
C:\users\PC>node server.js
```

이제 서버가 잘 구동하는지 테스트하기 위해 웹 브라우저로 이동해 localhost:number_of_port를 입력한다. 다음 스크린샷과 비슷한 화면이 나타난다.

```
http://localhost:8080
```

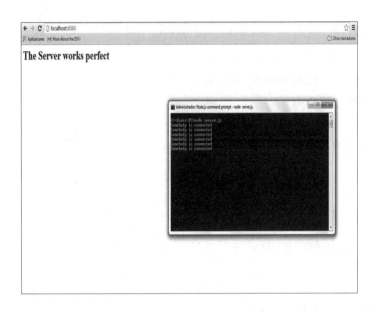

▌ 아두이노 Wi-Fi로 Node.js를 사용해 온도, 습도, 빛 모니터링하기

이 절에서는 아두이노의 Wi-Fi 실드shield 코드에 대해 설명한다.

변수의 개수를 정의한다. 예제의 경우 세 가지 변수(temperature, humidity, light)를 모니터링한다.

```
#define NUMBER_VARIABLES 3
```

다음과 같이 센서용 라이브러리를 포함한다.

```
#include "DHT.h"
```

센서의 핀을 정의한다.

```
#define DHTPIN 7
#define DHTTYPE DHT11
```

센서의 인스턴스를 정의한다.

```
DHT dht(DHTPIN, DHTTYPE);
```

모듈의 라이브러리를 가져온다.

```
#include <Adafruit_CC3000.h>
#include <SPI.h>
#include <CC3000_MDNS.h>
#include <aREST.h>
```

모듈을 연결하기 위한 핀을 정의한다.

```
#define ADAFRUIT_CC3000_IRQ 3
#define ADAFRUIT_CC3000_VBAT 5
#define ADAFRUIT_CC3000_CS 10
```

연결할 모듈의 인스턴스를 생성한다.

```
Adafruit_CC3000 cc3000 = Adafruit_CC3000(ADAFRUIT_CC3000_CS,
ADAFRUIT_CC3000_IRQ, ADAFRUIT_CC3000_VBAT);
```

aREST 인스턴스를 정의한다.

```
aREST rest = aREST();
```

그런 다음 변경할 SSID와 비밀번호를 정의한다.

```
#define WLAN_SSID "xxxxx"
#define WLAN_PASS "xxxxx"
#define WLAN_SECURITY WLAN_SEC_WPA2
```

TCP 연결을 리스닝할 포트를 구성한다.

```
#define LISTEN_PORT 80
```

모듈의 서버 인스턴스를 정의한다.

```
Adafruit_CC3000_Server restServer(LISTEN_PORT);
// DNS 응답자 인스턴스
MDNSResponder mdns;
```

게시할 변수를 정의한다.

```
int temp;
int hum;
int light;
```

직렬 통신의 구성을 정의하는 setup 함수를 작성한다.

```
void setup(void)
{
  // 직렬 통신 시작
  Serial.begin(115200);
  dht.begin();
```

게시될 변수를 시작한다.

```
rest.variable("light",&light);
rest.variable("temp",&temp);
rest.variable("hum",&hum);
```

장치의 ID와 이름을 정의한다.

```
rest.set_id("001");
rest.set_name("monitor");
```

네트워크에 연결한다.

```
if (!cc3000.begin())
{
  while(1);
}
if (!cc3000.connectToAP(WLAN_SSID, WLAN_PASS, WLAN_SECURITY)) {
  while(1);
}
while (!cc3000.checkDHCP())
{
  delay(100);
}
```

장치를 연결하는 함수를 정의한다.

```
if (!mdns.begin("arduino", cc3000)) {
  while(1);
}
```

직렬 인터페이스에 연결을 표시한다.

```
  displayConnectionDetails();
  restServer.begin();
  Serial.println(F("Listening for connections..."));
}
```

이 부분에서 획득할 변수를 선언한다.

```
void loop() {
  temp = (float)dht.readTemperature();
  hum = (float)dht.readHumidity();
```

다음으로 빛의 레벨을 측정한다.

```
float sensor_reading = analogRead(A0);
light = (int)(sensor_reading/1024*100);
```

요청하는 함수를 선언한다.

```
mdns.update();
```

서버에서 요청을 실행한다.

```
Adafruit_CC3000_ClientRef client = restServer.available();
  rest.handle(client);
}
```

장치에서 네트워킹 구성을 표시한다.

```
bool displayConnectionDetails(void)
{
  uint32_t ipAddress, netmask, gateway, dhcpserv, dnsserv;
  if(!cc3000.getIPAddress(&ipAddress, &netmask, &gateway, &dhcpserv,
&dnsserv))
  {
    Serial.println(F("Unable to retrieve the IP Address!\r\n"));
    return false;
  }
  else
  {
    Serial.print(F("\nIP Addr: ")); cc3000.printIPdotsRev(ipAddress);
    Serial.print(F("\nNetmask: ")); cc3000.printIPdotsRev(netmask);
    Serial.print(F("\nGateway: ")); cc3000.printIPdotsRev(gateway);
    Serial.print(F("\nDHCPsrv: ")); cc3000.printIPdotsRev(dhcpserv);
    Serial.print(F("\nDNSserv: ")); cc3000.printIPdotsRev(dnsserv);
    Serial.println();
    return true;
  }
}
```

아두이노 보드에 코드 스케치를 다운로드한 후 직렬 모니터로 이동해 라우터에서 가져온 IP 주소의 구성을 확인한다. 그런 다음 Wi-Fi 실드의 IP 주소 구성을 표시할 수 있다.

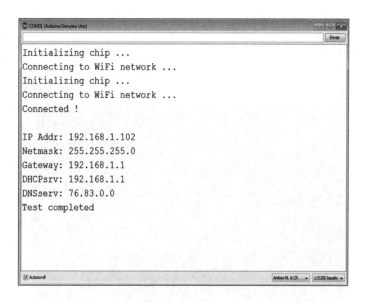

Wi-Fi 네트워크 연결

아두이노 Wi-Fi 실드의 IP 주소를 확인할 수 있으므로 이제 아두이노 보드와 동일한 네트
워크에 컴퓨터를 연결할 수 있다. 자세한 내용은 다음 스크린샷을 참조한다.

애플리케이션을 테스트하려면 Node.js 서버를 설치한 컴퓨터에서 다음 스크린샷과 같이
경로로 이동해 명령을 실행한다.

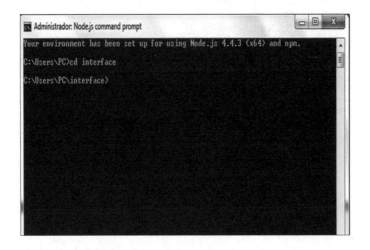

이 폴더에 자바스크립트 파일이 있다.

인터페이스 폴더에 들어가서 node app.js 명령을 입력한다.

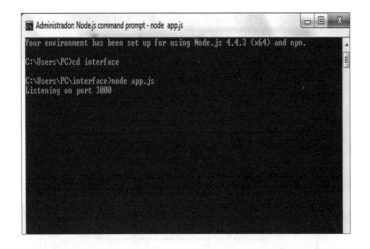

웹 서버를 구동시켰으므로 이제 동일 컴퓨터에서 브라우저로 전환하고 컴퓨터의 IP 주소를 입력해 결과를 확인한다.

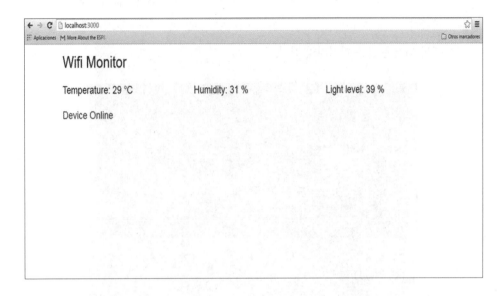

서버가 포트 300을 리스닝하다가 Wi-Fi 모듈과 통신해 장치의 IP 주소에 요청을 보낸다.

▌ 아두이노 이더넷으로 Node.js를 사용해 온도, 습도, 빛 모니터링하기

이전 절에서는 CC3000 모듈을 사용함으로써 Wi-Fi를 통해 아두이노를 모니터링하는 방법을 알아봤다. 이제 또 다른 중요한 모듈인 이더넷 실드^{Ethernet Shield}를 사용해보자. 모듈의 하드웨어 연결은 다음 이미지와 같다.

아두이노 이더넷 실드 애플리케이션을 위한 코드

이제 Monitor_Ethernet.ino 파일에 코드를 복사하거나, 이 프로젝트의 폴더에서 전체 코드를 가져올 수 있다. 아두이노 IDE를 사용한다.

다음은 프로그램에 포함된 라이브러리다.

```
#include <SPI.h>
#include <Ethernet.h>
#include <aREST.h>
#include <avr/wdt.h>
```

DHT11 센서용 라이브러리를 포함한다.

```
#include "DHT.h"
```

온도 및 습도 센서의 핀을 정의한다.

```
#define DHTPIN 7
#define DHTTYPE DHT11
```

센서의 인스턴스를 구한다.

```
DHT dht(DHTPIN, DHTTYPE);
```

장치의 MAC 어드레스를 등록한다.

```
byte mac[] = { 0x90, 0xA2, 0xDA, 0x0E, 0xFE, 0x40 };
IPAddress ip(192,168,1,153);
EthernetServer server(80);
```

이제 aREST API의 인스턴스를 생성한다.

```
aREST rest = aREST();
```

모니터링할 변수를 게시한다.

```
int temp;
int hum;
int light;
```

이제 직렬 통신을 구성하고 센서의 인스턴스를 시작한다.

```
void setup(void)
{
  // 직렬 통신 시작
  Serial.begin(115200);
  dht.begin();
```

게시할 변수를 시작한다.

```
  rest.variable("light",&light);
  rest.variable("temp",&temp);
  rest.variable("hum",&hum);
```

사용하는 장치의 ID와 이름을 알려준다.

```
  rest.set_id("008");
  rest.set_name("Ethernet");
```

이더넷 연결을 시작한다.

```
if (Ethernet.begin(mac) == 0) {
    Serial.println("Failed to configure Ethernet using DHCP");
    Ethernet.begin(mac, ip);
  }
```

직렬 모니터에 IP 주소를 표시한다.

```
  server.begin();
  Serial.print("server is at ");
  Serial.println(Ethernet.localIP());
```

```
    wdt_enable(WDTO_4S);
}
```

온도 및 습도 센서를 읽는다.

```
void loop( ) {

    temp = (float)dht.readTemperature( );
    hum = (float)dht.readHumidity( );
```

센서의 빛 레벨을 측정한다.

```
    float sensor_reading = analogRead(A0);
    light = (sensor_reading/1024*100);
```

연결된 클라이언트 요청을 청취한다.

```
    EthernetClient client = server.available( );
    rest.handle(client);
    wdt_reset( );
}
```

설정이 완료됐으므로 웹 브라우저를 열고 아두이노 이더넷 실드의 IP 주소 http://192.168.1.153을 입력한다. 모든 작업이 잘 완료됐으면, 보드에서 JSON 응답과 함께 다음 화면이 표시된다.

앞의 스크린샷은 JSON 요청의 결과를 보여준다.

Node.js에서 장치 구성하기

이번 절에서는 웹 페이지에서 제어할 수 있는 장치를 구성하는 코드를 알아본다.

이전 절에서 익스프레스 패키지를 설치했다. 아직 설치하지 않았다면 터미널을 열고 다음을 입력한다.

```
npm install express
```

노드 익스프레스를 정의하고 앱을 생성한다.

```
var express = require('express');
var app = express();
```

그런 다음 청취할 포트를 정의한다.

```
var port = 3000;
```

뷰 엔진을 사용해 제이드Jade 애플리케이션의 인스턴스를 정의한다.

```
app.set('view engine', 'jade');
```

공개 폴더를 구성한다.

```
app.use(express.static(__dirname + '/public'));
```

이제 모니터링할 장치를 정의한다.

```
var rest = require("arest")(app);
rest.addDevice('http','192.168.1.153');
```

애플리케이션을 제공한다.

```
app.get('/', function(req, res){
res.render('interface');
});
```

장치가 연결되면 서버를 시작하고 메시지를 보낸다.

```
app.listen(port);
console.log("Listening on port " + port);
```

MS−DOS에서 터미널을 열고 Node.js 서버에서 app.js를 실행한다.

웹 브라우저에서 http://localhost:3000을 열어 애플리케이션을 테스트한다. 축하한다.
다음과 같은 화면이 표시되면 서버를 올바르게 구성한 것이다.

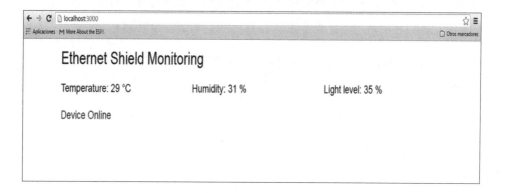

다음은 Node.js 서버에서 app.js를 실행한 결과를 보여준다.

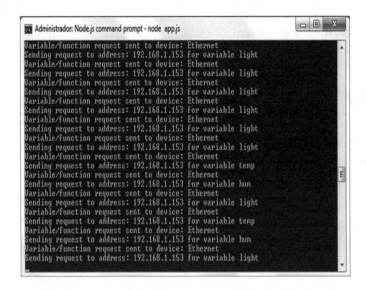

▌ 요약

4장에서는 중앙 인터페이스 대시보드의 라즈베리 파이 제로 네트워킹 영역에서 통신 모듈을 사용해 아두이노 보드를 제어하는 방법을 알아봤다. 또한 중앙 인터페이스에서 기압 센서와 같은 다른 여러 장치를 제어하고 모니터링하는 방법을 살펴봤다.

5장에서는 웹 카메라를 구성하고 아두이노 보드에 연결해 라즈베리 파이 제로에서 모니터링하는 것 같은 좀 더 재미있는 프로젝트를 수행한다.

05

웹캠을 추가해 보안 시스템 모니터링하기

이전 장에서는 아두이노에 연결된 센서와 라즈베리 파이 제로에서 모니터링하는 방법과 장치 간 네트워크 사용, 홈 시큐리티 프로젝트의 중요성, 실세계에서 일어나는 일을 모니터링하기 위한 도모틱스 같은 주제를 살펴봤다.

5장에서는 웹 카메라를 모니터링하고 아두이노 보드와 상호작용할 TTL 직렬 카메라를 설치하기 위해 라즈베리 파이 제로를 구성할 것이다. 이 장에서 다루는 주제는 다음과 같다.

- 아두이노와 라즈베리 파이 간의 상호작용
- 라즈베리 파이 제로에서 아두이노에 연결된 출력 제어하기
- 아두이노에 TTL 직렬 카메라 연결하기 및 마이크로 SD에 사진 저장하기
- 직렬 TTL 카메라로 모션 감지하기

- 라즈베리 파이에서 스냅샷 제어하기
- 웹 페이지에서 카메라 제어하기
- 네트워크 보안을 위한 USB 카메라 모니터링

▌ 아두이노와 라즈베리 파이 간의 상호작용

5장에서는 라즈베리 파이를 터미널 컴퓨터로 프로그래밍할 수 있는 방법을 살펴본다. 서버로 사용해 페이지나 애플리케이션을 배포할 뿐만 아니라, 아두이노 보드를 프로그래밍하는 IDE로도 사용할 수 있다. 이를 위해 라즈베리 파이를 아두이노에 연결시켜 서로 통신할 수 있어야 한다.

라즈베리 파이의 인터페이스에는 I2C 프로토콜과 SPI 통신, USB 포트, 직렬 UART 포트가 있다. 예제의 경우 아두이노와 라즈베리 파이 간 통신에 USB 포트를 사용한다.

아두이노와 라즈베리 파이를 상호작용하도록 구성하는 단계는 다음과 같다.

1. 라즈베리 파이용 아두이노 IDE를 설치한다.
2. PuTTY 터미널을 열고 라즈베리 파이의 IP 주소를 확인한다.
3. 원격 접속을 실행하고 IP 주소를 입력한다.
4. 그래픽 인터페이스에서 아두이노 IDE를 연다.

라즈비안에 아두이노 IDE 설치하기

다음 명령으로 아두이노 IDE를 라즈베리 파이에 설치한다.

```
sudo apt-get install arduino
```

라즈베리 파이에 원격 접속하기

이번 절에서는 라즈비안 운영체제에 설치된 아두이노 IDE를 실행하기 위해 원격 데스크톱에 접속하는 화면을 살펴본다. 화면이 나타나면 사용자 이름과 비밀번호를 입력한다.

그래픽 인터페이스에서 아두이노 실행하기

이제 메인 화면에 접속했으므로 Programming 메뉴로 이동해 Arduino IDE 아이콘이 보이면 모든 설치가 완료된 것이다. Arduino IDE 아이콘을 클릭한다.

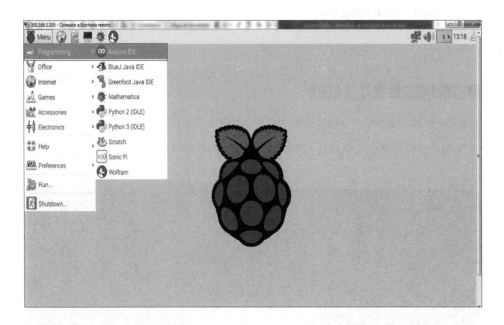

라즈비안의 아두이노 인터페이스

컴퓨터의 아두이노 IDE와 유사한 인터페이스가 있다. 라즈베리 파이에서 실행되는 아두이노 IDE를 통해 두 보드 사이의 상호작용을 실행할 수 있다.

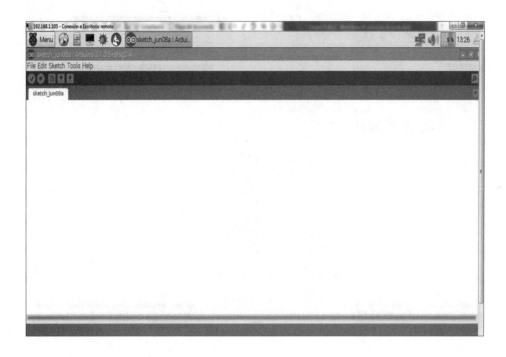

인터페이스 준비

적절한 보드를 선택했는지 확인해야 한다. 예제의 경우 아두이노 UNO를 사용하고 있다. 다음 창에서 보드를 선택한다.

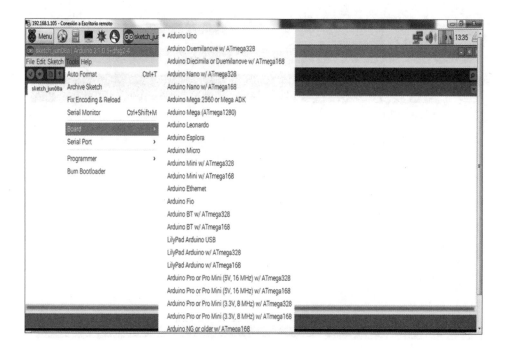

직렬 포트 선택

사용할 보드를 선택한 후에는 라즈베리 파이의 USB 포트에 연결된 아두이노와 통신할 포트를 확인하고 선택해야 한다. 여기서는 /dev/ttyACM0를 선택한다.

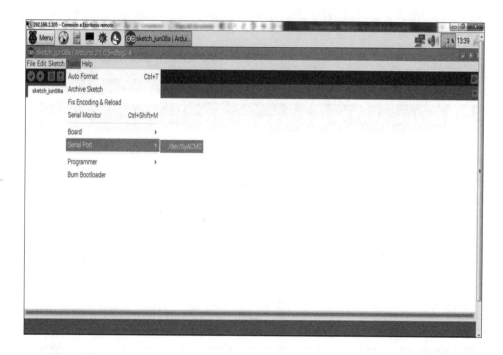

그래픽 인터페이스에서 스케치 다운로드

라즈베리 파이 제로에서 아두이노와 통신하고 컴퓨터 없이 아두이노 보드에 스케치를 다운로드해 라즈베리 파이를 다른 목적으로 사용할 수 있도록 하는 것이 무엇보다 중요하다.

다음 스크린샷은 스케치와의 인터페이스를 보여준다.

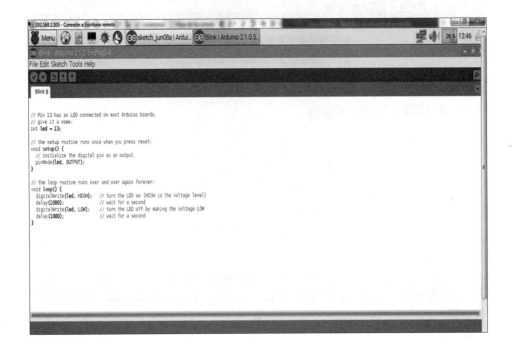

인터페이스에서 스케치를 다운로드해야 한다. 다음 이미지는 아두이노와 라즈베리 파이가 연결된 모습을 보여준다.

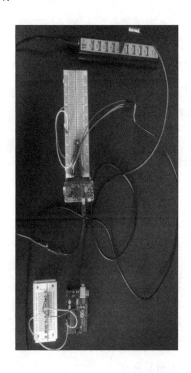

▋ 라즈베리 파이 제로에서 아두이노에 연결된 출력 제어하기

이제는 파이썬을 사용해 라즈베리 파이의 출력을 제어하는 예제를 살펴보자.

먼저 아두이노 보드에 스케치를 다운로드해야 한다. 다음은 아두이노와 라즈베리 파이 사이의 링크를 테스트하는 예제를 보여준다.

다음과 같이 출력을 선언한다.

```
int led_output = 13;
```

프로그램의 설정부터 시작한다.

```
void setup () {
```

그런 다음 출력 핀을 지정한다.

```
pinMode(led_output, OUTPUT);
```

9600에서 직렬 통신을 시작한다.

```
Serial.begin(9600);
}
```

프로그램의 루프를 선언한다.

```
void loop () {
```

직렬 포트를 사용할 수 있는지 확인한다.

```
if (Serial.available() > 0){
```

수신된 내용이 있으면, 이를 읽어 변수 c에 저장한다.

```
char c = Serial.read();
```

'높음'으로 표시된 문자 H를 읽은 경우

```
if (c == 'H'){
```

결과로 핀 13에 연결된 LED를 켠다.

```
digitalWrite(led_output, HIGH);
```

'낮음'으로 표시된 문자 L을 읽은 경우

```
}
else if (c == 'L'){
```

결과로 핀 13에 연결된 LDE를 끈다.

```
    digitalWrite(led_output, LOW);
  }
 }
}
```

▮ 파이썬에서 아두이노 보드 제어하기

먼저 USB 포트를 통해 아두이노와 통신하는 데 도움이 되는 직렬 라이브러리를 설치한다.

```
sudo apt-get install python-serial
```

다음 코드는 라즈베리 파이에서 아두이노를 제어한다. 이제 ControlArduinoFromRasp.
py라는 파일에 코드를 복사하거나, 프로젝트의 폴더에서 전체 코드를 가져올 수 있다.

다음 코드는 파이썬에서 직렬 라이브러리를 가져온다.

```
import serial
```

직렬 통신을 정의한다.

```
Arduino_UNO = serial.Serial('/dev/ttyACM0', 9600)
```

통신이 완료됐음을 나타내는 메시지를 인쇄한다.

```
print("Hello From Arduino!")
```

작업이 실행되는 동안 사용자는 명령을 입력할 수 있다.

```
while True:
  command = raw_input('Enter the command ')
  Arduino_UNO.write(command)
```

명령이 H면 LED가 켜짐 메시지를 인쇄하고, 그렇지 않으면 LED 꺼짐을 표시한다.

```
if command == 'H':
  print('LED ON')
elif command == 'L':
  print('LED OFF')
```

연결을 닫는다.

```
arduino_UNO.close()
```

174

하드웨어 연결

이 LED는 아두이노 UNO에 연결돼 파이썬을 사용해 라즈베리 파이에서 제어할 수 있다.

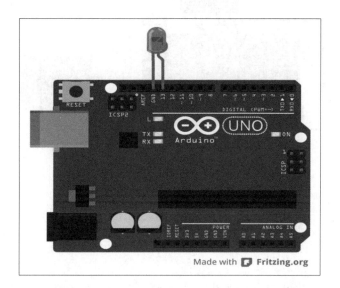

아두이노에 TTL 직렬 카메라를 연결하고 마이크로 SD에 사진 저장하기

여기서 TTL 직렬 카메라와 마이크로 SD 카드를 연결한다. 이 책에서는 Adafruit의 카메라 모델을 사용한다. https://www.adafruit.com/product/397에서 필요한 관련 정보를 얻을 수 있다.

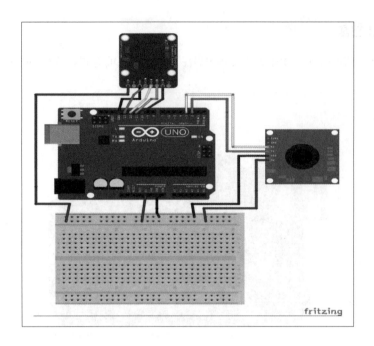

이제 사진을 찍어 마이크로 SD에 저장하는 방법을 알아본다. 카메라를 아두이노에 연결해 홈 시큐리티를 모니터링하는 시스템을 구현한다.

다음은 사진을 촬영하고 마이크로 SD에 저장하는 TTL 카메라를 테스트하는 코드다. 코드 분량이 적지 않으므로 작업을 수행하는 데 필요한 가장 중요한 코드만 설명한다. 전체 코드는 이 책의 예제 코드를 참조한다.

다음은 TTL 카메라에서 가져온 마이크로 SD와 통신할 중요 파일이다.

```
#include <Adafruit_VC0706.h>
#include <SPI.h>
#include <SD.h>
```

직렬을 통해 통신할 수 있도록 라이브러리 소프트웨어를 정의한다.

```
// 아두이노 V23 이전 버전을 사용하는 경우 이 행을 주석 처리한다
#include <SoftwareSerial.h>
```

chipSelect를 10번 핀으로 정의한다.

```
#define chipSelect 10
```

다음 코드는 핀을 연결한다.

```
SoftwareSerial cameraconnection = SoftwareSerial(2, 3);
Adafruit_VC0706 cam = Adafruit_VC0706(&cameraconnection);
```

카메라를 시작한다.

```
if (cam.begin()) {
  Serial.println("Camera Found:");
} else {
  Serial.println("No camera found?");
  return;
}
```

이미지 크기를 정의한다.

```
cam.setImageSize(VC0706_640x480);
```

이미지 크기를 표시한다.

```
uint8_t imgsize = cam.getImageSize();
Serial.print("Image size: ");
```

사진을 촬영한다.

```
if (! cam.takePicture())
  Serial.println("Failed to snap!");
else
  Serial.println("Picture taken!");
```

촬영한 사진을 저장할 파일을 생성한다.

```
char filename[13];
```

파일을 저장한다.

```
strcpy(filename, "IMAGE00.JPG");
for (int i = 0; i < 100; i++) {
  filename[5] = '0' + i/10;
  filename[6] = '0' + i%10;
```

파일을 저장할 마이크로 SD를 준비한다.

```
if (! SD.exists(filename)) {
    break;
  }
}
```

미리 보기로 가져온 파일을 연다.

```
File imgFile = SD.open(filename, FILE_WRITE);
```

촬영한 이미지의 크기를 표시한다.

```
uint16_t jpglen = cam.frameLength();
Serial.print("Storing ");
Serial.print(jpglen, DEC);
Serial.print(" byte image.");
```

파일에서 데이터를 읽는다.

```
byte wCount = 0; // 쓰기 횟수 계산용
while (jpglen > 0) {
```

메모리에 파일을 저장한다.

```
uint8_t *buffer;
uint8_t bytesToRead = min(32, jpglen);
buffer = cam.readPicture(bytesToRead);
imgFile.write(buffer, bytesToRead);
```

화면에 파일을 표시한다.

```
if(++wCount >= 64) {
  Serial.print('.');
  wCount = 0;
}
```

읽은 바이트 수를 표시한다.

```
Serial.print(bytesToRead, DEC);
Serial.println(" bytes");
jpglen -= bytesToRead;
  }
```

열려 있는 파일을 닫는다.

```
imgFile.close();
```

■ 직렬 TTL 카메라로 모션 감지하기

TTL 카메라의 모션 감지를 켠다.

```
cam.setMotionDetect(true);
```

모션이 활성화됐는지 확인한다.

```
Serial.print("Motion detection is ");
if (cam.getMotionDetect())
  Serial.println("ON");
else
  Serial.println("OFF");
}
```

카메라가 모션을 감지한다.

```
if (cam.motionDetected()) {
  Serial.println("Motion!");
  cam.setMotionDetect(false);
```

모션이 감지되면, 사진을 촬영하거나 메시지를 표시한다.

```
if (! cam.takePicture())
  Serial.println("Failed to snap!");
else
  Serial.println("Picture taken!");
```

▌ 라즈베리 파이에서 스냅샷 제어하기

아두이노와 라즈베리 파이 사이의 통신 방법을 살펴봤으므로, 이제 우리의 보안 시스템 프로젝트에서 보드를 제어하는 데 이를 적용할 수 있다. 라즈베리 파이에서 카메라와 통신하고 카메라를 제어하는 데 이 작업이 필요하다.

- 아두이노와 라즈베리 파이를 서로 연결하기
- 9,600mbps로 직렬 연결 생성하기
- 사진을 촬영하는 함수를 호출하고 마이크로 SD에 저장하기

라즈베리 파이에서 다음을 수행한다.

- 아두이노에서 사진을 촬영하는 함수를 호출하는 스크립트 생성하기
- PuTTY 터미널을 사용해 스크립트를 열고 실행하기

다음 절은 아두이노 보드에서 다운로드해야 하는 스케치다.

먼저 직렬 통신을 시작한다.

```
void setup () {
  Serial.begin(9600);
}
```

다음은 카메라가 사진을 찍도록 지시하는 함수다.

```
void loop ( ) {
  if (Serial.available( ) > 0) {
    char c = Serial.read( );
    if (c == 'T') {
    takingpicture( ):

   }
  }
}
```

사진 촬영 함수 코드

여기서는 카메라가 사진을 찍도록 지시하는 함수를 정의하는 코드를 설명한다.

이 함수는 사진을 촬영하는 코드를 가진다.

```
void takingpicture( ){
```

사진을 촬영한다.

```
if (!cam.takePicture( ))
  Serial.println("Failed to snap!");
else
  Serial.println("Picture taken!");
```

저장할 파일을 생성한다.

```
char filename[13];
```

파일을 저장한다.

```
strcpy(filename, "IMAGE00.JPG");
for (int i = 0; i < 100; i++) {
  filename[5] = '0' + i/10;
  filename[6] = '0' + i%10;
```

파일을 저장할 마이크로 SD를 준비한다.

```
if (! SD.exists(filename)) {
    break;
  }
}
```

미리 보기용 파일을 연다.

```
File imgFile = SD.open(filename, FILE_WRITE);
```

저장하기 전에 파일의 크기를 구한다.

```
uint16_t jpglen = cam.frameLength();
Serial.print("Storing ");
Serial.print(jpglen, DEC);
Serial.print(" byte image.");
```

저장된 파일에서 데이터를 읽는다.

```
byte wCount = 0; // 쓰기 횟수 계산용
while (jpglen > 0) {
```

메모리에 파일을 쓴다.

```
uint8_t *buffer;
uint8_t bytesToRead = min(32, jpglen);
buffer = cam.readPicture(bytesToRead);
imgFile.write(buffer, bytesToRead);
```

저장 후 파일을 표시한다.

```
if(++wCount >= 64) {
  Serial.print('.');
  wCount = 0;
}
```

읽은 바이트 수를 표시한다.

```
Serial.print(bytesToRead, DEC);
Serial.println(" bytes");
jpglen -= bytesToRead;
  }
```

열려 있는 파일을 닫는다.

```
imgFile.close();
}
```

▌웹 페이지에서 카메라 제어하기

이 절에서는 PHP 웹 페이지에서 카메라를 제어하고 라즈베리 파이에서 웹 서버를 실행하는 방법을 알아본다.

- 라즈베리 파이에서 아파치 서버 실행
- PHP 소프트웨어 설치

웹 페이지에서 제어하려면 /var/www/html 경로에 PHP 파일을 생성해야 한다. 예를 들어 index.php 파일을 편집하고 다음 줄을 복사한다.

다음 HTML 파일은 PHP를 포함하고 있다.

```
<!DOCTYPE html>
<html>
<head>
<title>Control Camera</title>
</head>
<body>
```

사진 촬영을 수행하는 함수를 정의한다.

```
<form action="on.php">
  <button type="submit">Taking the picture</button>
  </form>
```

모션이 감지되면 수행할 작업을 정의한다.

```
  <form action="off.php">
  <button type="submit">Motion</button>
  </form>
```

```
</body>
</html>
```

PHP에서 파이썬 스크립트 호출하기

이 절에서는 웹 페이지에서 파이썬 스크립트를 호출하고 스크립트가 있는 파일을 실행한다.

```php
<?php
$prende= exec('sudo python on.py');
header('Location:index.php');
?>

<?php
$apaga = exec('sudo python motion.py');
header('Location:index.php');
?>
```

파이썬 스크립트 코드

서버 측, 즉 라즈베리 파이에는 웹 페이지에서 호출할 파이썬 스크립트가 있다.

```python
import serial
import time
Arduino_1 = serial.Serial('/dev/ttyACM0',9600)
Arduino_1.open()
Command='H'
if command:
  Arduino_1.write(command)
Arduino_1.close()
```

```
import serial
import time
Arduino_1 = serial.Serial('/dev/ttyACM0',9600)
Arduino_1.open()
Command='L'
if command:
  Arduino_1.write(command)
Arduino_1.close()
```

모든 구성이 완벽하게 수행되면 다음 페이지가 나타난다. 선호하는 브라우저에서 라즈베리 파이 IP 주소/index.php를 입력한다.

▌ 네트워크 보안을 위해 USB 카메라 모니터링하기

이 절에서는 USB 포트와 이더넷, Wi-Fi 연결을 포함하는 아두이노 YUN에 연결된 USB 카메라를 모니터링하는 프로젝트를 생성한다. 여기에는 많은 장점이 있다. 라즈베리 파이와 아두이노 YUN 사이의 네트워크를 구성할 것이므로, 주요 아이디어는 라즈베리 파이의 웹 페이지에서 카메라를 모니터링하는 것이다. 페이지는 라즈베리 파이에 저장된다.

아두이노 YUN 구성

UVC 프로토콜을 지원하는 로지텍 카메라를 사용한다.

이제 아두이노 YUN에 카메라를 설치하는 단계를 설명한다.

- Wi-Fi 라우터에 보드를 연결한다.
- 아두이노 YUN의 IP 주소를 확인한다.

IP 주소를 입력하면 다음 화면이 나타난다.

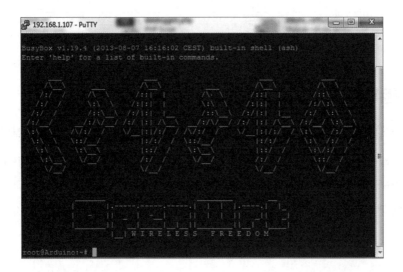

이제 명령 프롬프트에서 일련의 명령을 실행해 설치를 완료한다.

패키지를 업데이트한다.

```
opkg update
```

UVC 프로토콜을 설치한다.

```
opkg install kmod-video-uvc
```

카메라 드라이버를 설치한다.

```
opkg install fswebcam
```

Mjpgstreamer를 다운로드한다.

```
wget http://www.custommobileapps.com.au/downloads/mjpgstreamer.Ipk
```

Mjpgstreamer를 설치한다.

```
opkg install mjpg-streamer.ipk
```

카메라를 수동으로 시작하려면 다음 코드를 사용한다.

```
mjpg_streamer -i "input_uvc.so -d /dev/video0 -r 640x480 -f 25" -o
"output_http.so -p 8080 -w /www/webcam" &
```

카메라를 자동으로 시작하려면 다음 코드를 사용한다.

nano 프로그램을 설치한다.

```
opkg install nano
```

다음 파일을 입력한다.

```
nano /etc/config/mjpg-streamer
```

다음 매개변수를 사용해 카메라를 구성한다.

```
config mjpg-streamer core
option enabled "1"
option device "/dev/video0"
option resolution "640x480"
option fps "30"
option www "/www/webcam"
option port "8080"
```

다음 명령을 사용해 서비스를 시작한다.

```
/etc/init.d/mjpg-streamer enable
/etc/init.d/mjpg-streamer stop
/etc/init.d/mjpg-streamer start
```

Mjpgstreamer 서버에서 모니터링하기

아두이노 YUN 서버에 접속하려면 브라우저에서 아두이노 YUN의 IP 주소 http://Arduino.local:8080을 입력한다. 구성 결과는 다음 스크린샷과 같다.

라즈베리 파이에서 USB 카메라 모니터링하기

카메라가 아두이노 YUN에 연결돼 이제는 라즈베리 파이의 웹 페이지에서 실시간으로 모니터링할 수 있다.

웹 페이지의 제목을 입력한다.

```html
<html>
<head>
<title>Monitoring USB Camera</title>
```

아두이노 YUN의 IP 주소를 사용해 카메라 이미지를 가져올 수 있다.

```html
</head>
<body>
<center>
```

```
<img src="http://192.168.1.107:8080/?action=stream"/>
</center>
</body>
</html>
```

라즈베리 파이의 IP 주소(http://192.168.1.106/index.html)를 입력해 브라우저에서 웹 페이지에 접속한다.

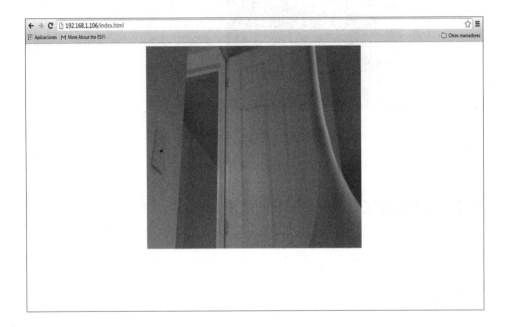

다음 장에서는 네트워크에서 상호작용할 연결된 장치와 하드웨어를 어떻게 구성하는지 살펴본다.

나음 이미시는 모니터링할 수 있는 상치로 생성한 네트워크를 보여준다. 예를 들어, 모든 장치를 Wi-Fi 네트워크에 연결하고 라즈베리 파이에서 모니터링해 집의 각 방을 모니터링한다.

█ 요약

5장에서는 네트워크에 연결된 웹캠을 구성하고 사물인터넷 보안 시스템에서 모니터링하는 방법을 알아봤다. 보안 카메라 연결을 위해 아두이노 보드를 사용했고, 시스템을 모니터링하기 위해 네트워크에 연결된 라즈베리 파이 제로를 사용했다. 6장에서는 라즈베리 파이 제로와 아두이노를 통합해 장치를 연결하고 모니터링하는 완전한 시스템을 구축한다.

06

웹 모니터 빌드와
대시보드에서의 장치 제어

6장은 이 책에서 가장 중요한 부분이다. 6장에서는 대시보드에서 다양한 장치를 제어할 수 있는 웹 페이지의 생성 방법을 설명한다. 자동화된 가정에는 램프, 문, 창문, 세탁기 등과 같이 제어할 수 있는 다양한 장치가 있다.

이번 장에서 다루는 주제는 다음과 같다.

- MySQL 데이터베이스 서버 구성
- 데이터베이스 관리를 위한 PhpMyAdmin 설치
- MySQL을 사용한 데이터로거
- LED 조명 조절
- DC 모터 속도 제어

- 전기 회로로 조명 제어
- 문 잠금 장치 제어
- 관수 장치 제어
- 라즈베리 파이 제로에 원격 접속하기
- 조명 제어 및 소비 전류 측정
- 연결된 장치와 센서의 아두이노, 와이파이, 이더넷 실드 제어 및 모니터링

▌ MySQL 데이터베이스 서버 구성

이 절에서는 데이터베이스를 생성하고 대시보드에서 데이터베이스의 데이터를 저장하는 작업을 통합하기 위해 MySQL 서버를 구성하는 방법을 배운다.

MySQL 설치

라즈베리 파이 제로를 웹 서버처럼 구성한다. 이번 절에서는 다음 명령을 사용해 MySQL 데이터베이스 서버를 설치한다. 따라서 클라이언트로부터의 연결을 수신하고 데이터베이스에 저장된 데이터를 표시하며 SQL에서 쿼리를 사용할 수 있다.

```
sudo apt-get install mysql-server
```

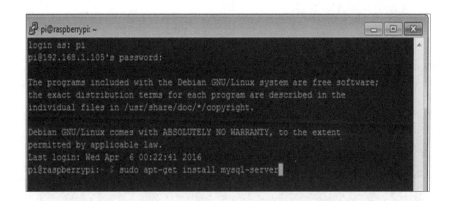

프로세스가 진행되는 동안 root 사용자의 비밀번호를 묻는다.

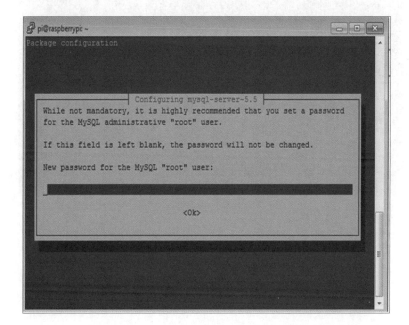

설치가 완료되면 MySQL에 연결하고 다음 명령을 입력한다.

```
mysql -u root -p
```

다음 명령을 입력한다.

```
show databases;
```

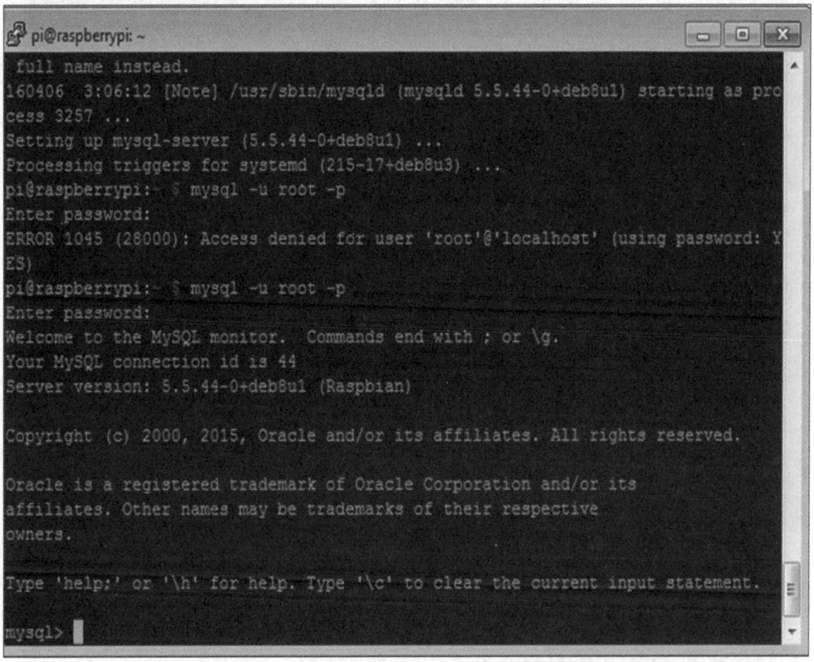

여기서 서버에 현재 설치돼 있는 시스템의 데이터베이스를 확인할 수 있다.

PHP용 MySQL 드라이버 설치

PHP 5와 MySQL 데이터베이스 서버가 통신하려면 드라이버를 설치해야 한다. MySQL 데이터베이스에 접근하려면 PHP용 MySQL 드라이버가 필요하다. 다음 명령을 실행해 PHP-MySQL 드라이버를 설치한다.

```
sudo apt-get install php5 php5-mysql
```

PHP와 MySQL 테스트

이 절에서는 다음 명령을 사용해 PHP와 MySQL을 테스트하는 간단한 페이지를 작성한다.

```
sudo nano /var/www/html/hellodb.php
```

다음 스크린샷에서 데이터베이스에 접근하고 서버에 연결해 데이터를 가져오는 스크립트 코드를 확인할 수 있다.

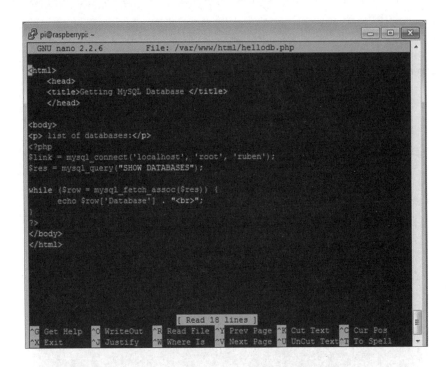

PHP와 MySQL 간 연결 및 페이지를 테스트하려면 http://192.168.1.105/hellodb.php 와 같이 라즈베리 파이의 IP 주소를 입력한다. 페이지는 다음 스크린샷과 비슷하다.

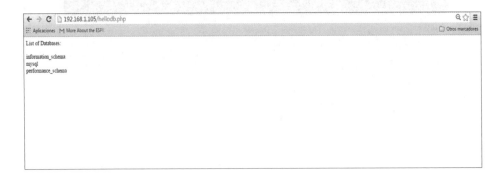

▌ 데이터베이스 관리를 위한 PhpMyAdmin 설치

이 절에서는 원격 패널에서 데이터베이스를 관리할 수 있도록 PhpMyAdmin을 구성하는 방법을 알아본다. 클라이언트와 PHP 5 모듈을 아파치 서버에 설치하는 것이 중요하다. 다음 명령을 입력한다.

```
sudo apt-get install mysql-client php5-mysql
```

다음 명령으로 phpmyadmin 패키지를 설치한다.

```
sudo apt install phpmyadmin
```

다음 스크린샷에서 서버의 구성을 확인할 수 있다. 여기서는 apache2를 선택한다.

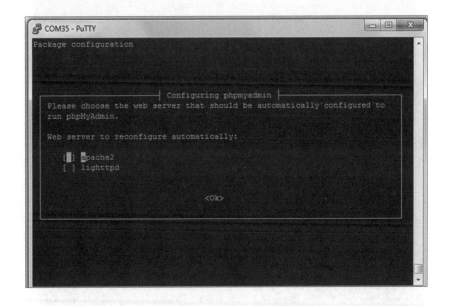

apache2 서버를 선택한다.

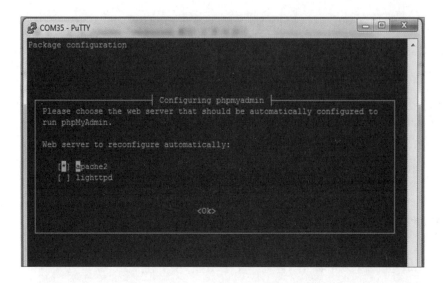

그런 다음 데이터베이스를 선택한다.

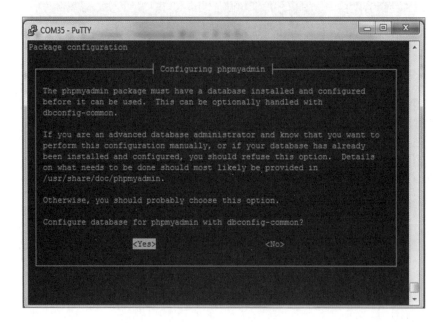

〈No〉 옵션을 선택한다.

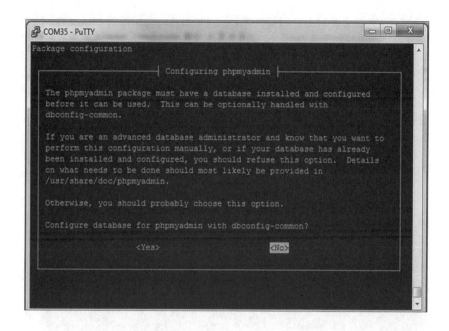

아파치 서버 구성

반드시 apache2.conf 파일을 구성해야 한다. 먼저 라즈베리 파이의 터미널로 이동한다.

```
sudo nano /etc/apache2/apache2.conf
```

다음 화면에서 코드를 추가한다.

```
Include /etc/phpmyadmin/apche.conf
```

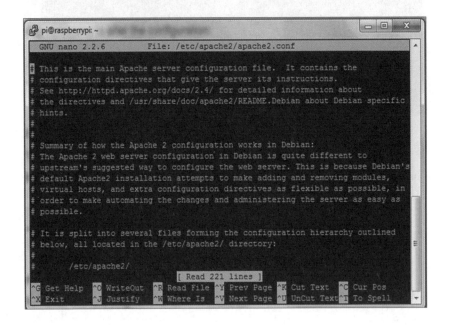

파일의 맨 아래에 다음 줄을 포함시킨다.

```
Include /etc/phpmyadmin/apche.conf
```

마침내 아파치 서버 설치를 마치고 다음 단계로 넘어갈 준비가 됐다.

PhpMyAdmin 원격 패널 접속

서버 설정을 마쳤으면 PhpMyAdmin 원격 패널에 접속한다. 선호하는 브라우저를 열고 http://(라즈베리 파이 주소)/phpmyadmin과 같이 라즈베리 파이의 IP 주소를 입력하면 다음과 같은 화면이 표시된다.

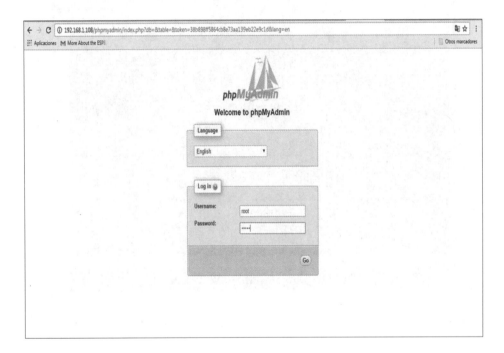

아두이노 데이터베이스 표시

다음 스크린샷은 서버에서 생성된 데이터베이스를 보여준다.

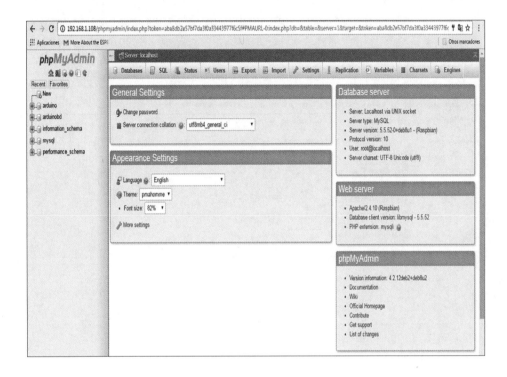

다음 스크린샷은 id, temperature, humidity 열을 가진 measurements 표를 보여준다.

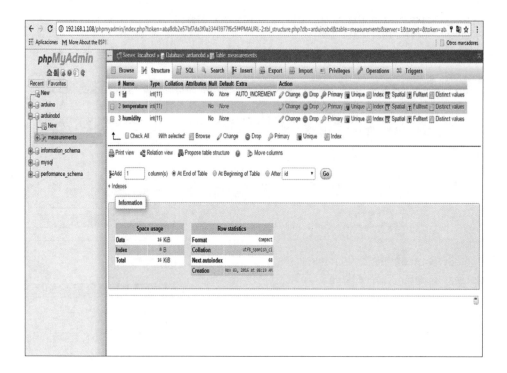

아두이노와 이더넷 실드에서 웹 서버로 데이터 보내기

아두이노와 이더넷 실드를 네트워크에 연결하면 아두이노 라즈베리 파이에 게시된 웹 서버로 데이터를 전송한다.

이제 arduino_xaamp_mysql.ino 파일에 코드를 복사하거나, 이 책의 코드 폴더에서 전체 코드를 가져올 수 있다.

아두이노 UNO의 IP 주소를 입력한다.

```
IPAddress ip(192,168,1,50);
```

라즈베리 파이 제로의 IPAddress를 구성한다.

```
IPAddress server(192,168,1,108);
```

웹 서버에 연결한다.

```
if (client.connect(server, 80))
```

다음 줄은 원격 서버의 HTTP 요청을 정의한다.

```
client.println("GET /datalogger1.php?temp=" + temp + "&hum=" + hum + "
HTTP/1.1");
  client.println("Host: 192.168.1.108");
  client.println("Connection: close");
  client.println();
```

나머지 코드는 다음과 같다.

```
// 라이브러리 인클루드
#include <SPI.h>
#include <Ethernet.h>
#include "DHT.h"
// MAC 어드레스 입력
byte mac[] = { 0x90, 0xA2, 0xDA, 0x0E, 0xFE, 0x40 };
// DHT11 센서 핀
#define DHTPIN 7
#define DHTTYPE DHT11
IPAddress ip(192,168,1,50);
IPAddress server(192,168,1,108);
EthernetClient client;
DHT dht(DHTPIN, DHTTYPE);
void setup() {
```

```
  // 직렬 통신 열기
  Serial.begin(9600);
    Ethernet.begin(mac, ip);
  Serial.print("IP address: ");
  Serial.println(Ethernet.localIP());
  delay(1000);
  Serial.println("Conectando...");
}
void loop()
{
  float h = dht.readHumidity();
  float t = dht.readTemperature();
  String temp = String((int) t);
  String hum = String((int) h);
    if (client.connect(server, 80)) {
    if (client.connected()) {
      Serial.println("conectado");
```

HTTP 요청을 만든다.

```
  client.println("GET /datalogger1.php?temp=" + temp + "&hum=" + hum +
" HTTP/1.1");
  client.println("Host: 192.168.1.108");
  client.println("Connection: close");
  client.println();
}
else {
  // 서버에 연결하지 못한 경우
  Serial.println("fallo la conexion");
}
```

다음 코드는 클라이언트 인스턴스가 응답을 읽는 방법을 정의한다.

```
while (client.connected()) {
  while (client.available()) {
  char c = client.read();
  Serial.print(c);
  }
}
```

서버 연결이 끊어진 경우 클라이언트를 중지한다.

```
  if (!client.connected()) {
    Serial.println();
    Serial.println("desconectado.");
    client.stop();
  }
}
```

매초마다 반복한다.

```
  delay(5000);
}
```

다음 그림은 사용한 하드웨어를 보여준다.

▮ MySQL을 사용한 데이터로거

다음 절에서는 서버에 온도 및 습도 데이터를 기록하는 데이터로거datalogger를 구축해 필요
할 때마다 데이터를 가져와서 웹 페이지에 표시할 수 있도록 한다.

스크립트 소프트웨어 프로그래밍

다음 코드에서는 아두이노 보드와 통신할 스크립트를 작성하고 서버에 설치한다.

이제 datalogger1.php 파일에 코드를 복사하거나, 이 프로젝트의 폴더에서 전체 코드를
가져올 수 있다.

214

```php
<?php
if (isset($_GET["temp"]) && isset($_GET["hum"])) {
$temperature = intval($_GET["temp"]);
$humidity = intval($_GET["hum"]);
$con=mysql_connect("localhost","root","ruben","arduinobd");
mysql_select_db('arduinobd',$con);
  if(mysql_query("INSERT INTO measurements (temperature, humidity)

VALUES ('$temperature', '$humidity');")){
    echo "Data were saved";
  }
  else {
  echo "Fail the recorded data";
  }
mysql_close($con);
}
?>
```

연결 테스트

스크립트 파일을 설치한 후 컴퓨터에서 웹 브라우저를 열고 라즈베리 파이의 IP 주소를 입력한다. 링크는 http://192.168.1.108/datalogger1.php?temp=70&hum=100과 같다.

다음 스크린샷은 데이터베이스에 저장된 데이터의 결과를 보여준다.

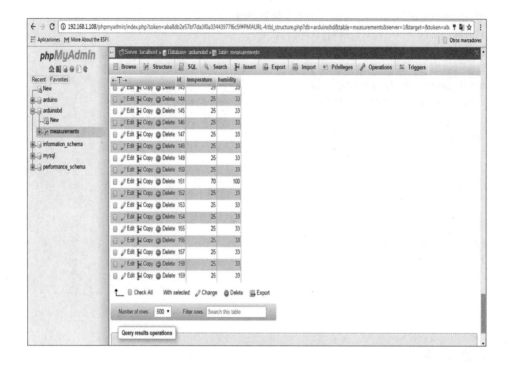

다음 스크린샷은 데이터 테이블을 보여준다.

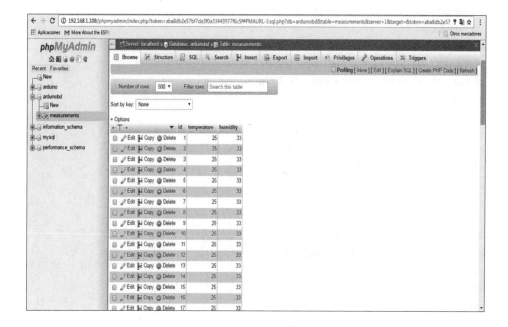

█ 데이터베이스 데이터 쿼리

데이터를 기록했으면 쿼리를 통해 웹 페이지에 데이터를 표시할 수 있어야 한다.

스크립트용 소프트웨어

페이지에서 데이터를 표시하는 데 사용하는 스크립트는 다음과 같다.

이제 query1.php 파일에 코드를 복사하거나, 이 프로젝트의 폴더에서 전체 코드를 가져올 수 있다.

```
<!DOCTYPE html>
  <html>
    <body>
<h1>Clik on the buttons to get Data from MySQL</h1>
<form action="query1.php" method="get">
<input type="submit" value="Get all Data">
</form>
</br>

<form action="query2.php" method="get">
<input type="submit"value="Humidity <= 15">
</form>
</br>

<form action="query3.php" method="get">
<input type="submit" value="Temperature <=25">
</form>
</br>
<?php

$con=mysql_connect("localhost","root","ruben","arduinobd");
mysql_select_db('arduinobd',$con);
$result = mysql_query("SELECT * FROM measurements");
echo "<table border='1'>
<tr>
<th>Measurements</th>
<th>Temperature (°C)</th>
<th>Humidity (%)</th>
</tr>";
while($row = mysql_fetch_array($result)) {
  echo "<tr>";
  echo "<td>" . $row['id'] . "</td>";
  echo "<td>" . $row['temperature'] . "</td>";
  echo "<td>" . $row['humidity'] . "</td>";
  echo "</tr>";
}
echo "</table>";
```

```
mysql_close($con);
?>
</body>
</html>
```

다음 스크린샷은 데이터를 보여준다.

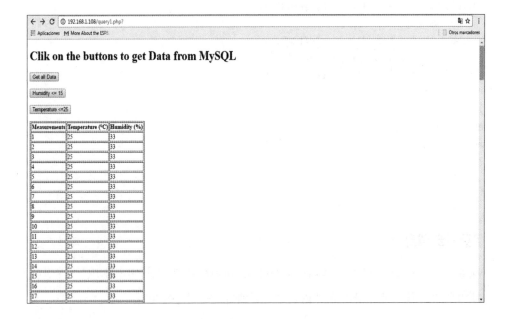

특정 데이터를 표시하는 스크립트

다음 코드에서 보는 것처럼, 온도 및 습도의 특정 값에 대한 정보를 얻는 SQL 쿼리를 만들 수 있다.

```
<?php
$con=mysql_connect("localhost","root","ruben","arduinobd");
mysql_select_db('arduinobd',$con);
$result = mysql_query("SELECT * FROM measurements where humidity <= 15
```

```
order by id");
echo "<table border='1'>
<tr>
<th>Measurements</th>
<th>Temperature (°C)</th>
<th>Humidity (%)</th>
</tr>";
while($row = mysql_fetch_array($result)) {
  echo "<tr>";
  echo "<td>" . $row['id'] . "</td>";
  echo "<td>" . $row['temperature'] . "</td>";
  echo "<td>" . $row['humidity'] . "</td>";
  echo "</tr>";
}
echo "</table>";
mysql_close($con);
?>
```

온도 기록 쿼리

이 절에서는 온도를 측정하는 쿼리를 작성하며, localhost에 대한 서버 참조를 호출한다.
이 경우 라즈베리 파이 장치와 사용자, 데이터베이스의 이름이 된다.

```
<?php
$con=mysql_connect("localhost","root","ruben","arduinobd");
mysql_select_db('arduinobd',$con);
$result = mysql_query("SELECT * FROM measurements where temperature <= 25
order by id");
echo "<table border='1'>
<tr>
<th>Measurements</th>
<th>Temperature (°C)</th>
<th>Humidity (%)</th>
</tr>";
```

```php
while($row = mysql_fetch_array($result)) {
  echo "<tr>";
  echo "<td>" . $row['id'] . "</td>";
  echo "<td>" . $row['temperature'] . "</td>";
  echo "<td>" . $row['humidity'] . "</td>";
  echo "</tr>";
}
echo "</table>";
mysql_close($con);
?>
```

쿼리의 결과는 다음 스크린샷과 같다.

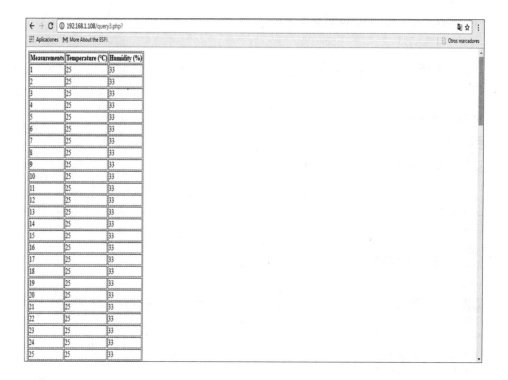

▌ LED 제어와 밝기 조절

이 절에서는 홈 오토메이션에 적용할 수 있는 프로젝트를 알아본다. DC의 LED 밝기를 조절해보자. 이는 가정 내 램프에 적용할 수 있다. LED의 밝기가 바뀌며, LED는 330옴의 저항과 직렬로 연결된 라즈베리 파이의 GPIO 18에 연결한다.

소프트웨어 요구 사항

먼저 pigpio 패키지를 설치한다. 터미널에 다음을 입력한다.

```
wget abyz.co.uk/rpi/pigpio/pigpio.zip
```

그런 다음 패키지의 압축을 푼다.

```
unzip pigpio.zip
```

압축이 풀린 폴더로 이동한다.

```
cd PIGPIO
```

다음 명령을 실행한다.

```
Make
```

마지막으로 파일을 설치한다.

```
sudo make install
```

LED 테스트

이 절에서는 Node.js 스크립트 센서를 테스트한다.

```
var Gpio = require('pigpio').Gpio;

// led 인스턴스 생성
var led = new Gpio(18, {mode: Gpio.OUTPUT});
var dutyCycle = 0;
// 0에서 최댓값으로 밝기 변경
setInterval(function () {
  led.pwmWrite(dutyCycle);
  dutyCycle += 5;
  if (dutyCycle > 255) {
    dutyCycle = 0;
  }
}, 20);
```

라즈베리 파이의 터미널을 사용해 이 프로젝트의 폴더로 이동한 후 다음을 입력한다.

```
sudo npm install pigpio
```

그러면 LED를 제어하는 데 필요한 node.js 모듈이 설치된다. 이어서 다음을 입력한다.

```
sudo node led_test.js
```

최종 결과는 다음과 같다.

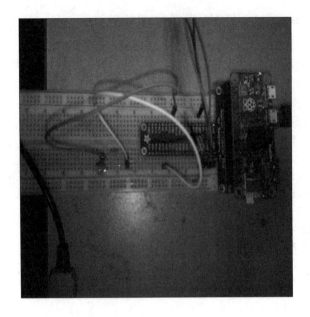

인터페이스에서 LED 제어하기

이 절에서는 웹 페이지에서 LED를 제어하는 방법을 알아본다. 이를 위해 node.js를 사용해 HTML로 사용자와의 인터페이스를 만든다.

Node.js 파일에 포함된 다음 코드를 살펴보자.

```
// 모듈
var Gpio = require('pigpio').Gpio;
var express = require('express');
// 익스프레스 앱
var app = express();

// 공개 디렉터리 사용
app.use(express.static('public'));
```

```javascript
// led 인스턴스 생성
var led = new Gpio(18, {mode: Gpio.OUTPUT});

// 라우트
app.get('/', function (req, res) {

  res.sendfile(__dirname + '/public/interface.html');
});
app.get('/set', function (req, res) {

  // LED 설정
  dutyCycle = req.query.dutyCycle;
  led.pwmWrite(dutyCycle);

  // 응답
  answer = {
    dutyCycle: dutyCycle
  };
  res.json(answer);

});
// 서버 시작
app.listen(3000, function () {
  console.log('Raspberry Pi Zero LED control');
});
```

이제 애플리케이션을 테스트한다. 먼저 이 책의 폴더로 이동한다. 이어서 다음 명령을 사용해 express를 설치한다.

```
sudo npm install express
```

이 작업이 끝나면, 다음 명령으로 서버를 시작한다.

```
sudo node led_control.js
```

이제 프로젝트를 테스트할 수 있다. 컴퓨터에서 웹 브라우저를 열고 http://(라즈베리 파이)/set?dutyCycle=20을 입력한다. 그러면 LED가 값에 따라 변하는 것을 볼 수 있다.

그런 다음 웹 브라우저에서 http://192.168.1.108:3000을 열면 기본 웹 페이지에 컨트롤이 표시된다.

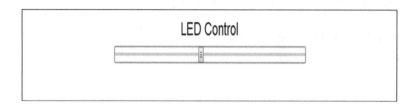

▍ DC 모터 속도 제어

집에는 일반적으로 창문이나 차고 문이 있다. 이런 장치를 자동화하면 DC 모터로 이런 문들을 제어할 수 있다. 이 절에서는 DC 모터를 라즈베리 파이에 연결하는 방법을 살펴본다. 이를 위해 L293D 회로를 사용해 모터를 제어한다.

먼저 모터를 라즈베리 파이 제로 보드에 연결하는 방법을 알아본다. 다음 다이어그램은 L293D 칩의 핀 구성을 보여준다.

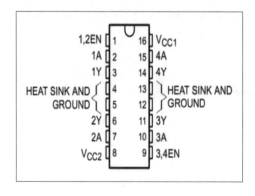

다음과 같이 회로의 구성 요소를 연결한다.

- 라즈베리 파이의 GPIO14를 1A 핀에
- 라즈베리 파이의 GPIO15를 2A 핀에
- 라즈베리 파이의 GPIO18을 1, 2EN 핀에
- DC 모터를 1Y와 2Y 핀에
- 라즈베리 파이의 5볼트를 VCC1에
- 라즈베리 파이의 GND를 GND에
- 어댑터 레귤레이터를 VCC2와 GND에

다음 이미지는 결과를 보여준다.

이제 DC 모터의 속도를 0부터 최고 속도까지 테스트한다.

```javascript
// 모듈
var Gpio = require('pigpio').Gpio;
// 모터 인스턴스 생성
var motorSpeed = new Gpio(18, {mode: Gpio.OUTPUT});
var motorDirectionOne = new Gpio(14, {mode: Gpio.OUTPUT});
var motorDirectionTwo = new Gpio(15, {mode: Gpio.OUTPUT})

// 모터 방향을 초기화한다
motorDirectionOne.digitalWrite(0);
motorDirectionTwo.digitalWrite(1);
var dutyCycle = 0;

// 밝기를 0에서 최댓값까지 변경한다
setInterval(function () {
  motorSpeed.pwmWrite(dutyCycle);
  dutyCycle += 5;
  if (dutyCycle > 255) {
    dutyCycle = 0;
  }
}, 20);
```

다음은 애플리케이션이 웹 페이지의 인터페이스를 사용해 DC 모터를 제어하는 코드다.

```javascript
// 모듈
var Gpio = require('pigpio').Gpio;
var express = require('express');

// 익스프레스 앱
var app = express();
// 공개 디렉터리 사용
app.use(express.static('public'));
```

```javascript
// led 인스턴스 생성
var motorSpeed = new Gpio(18, {mode: Gpio.OUTPUT});
var motorDirectionOne = new Gpio(14, {mode: Gpio.OUTPUT});
var motorDirectionTwo = new Gpio(15, {mode: Gpio.OUTPUT});

// 라우트
app.get('/', function (req, res) {

  res.sendfile(__dirname + '/public/interface.html');

});

app.get('/set', function (req, res) {
  // 모터 속도 설정
  speed = req.query.speed;
  motorSpeed.pwmWrite(speed);

  // 모터 방향 설정
  motorDirectionOne.digitalWrite(0);
  motorDirectionTwo.digitalWrite(1);

  // 응답
  answer = {
    speed: speed
  };
  res.json(answer);

});

// 서버 시작
app.listen(3000, function () {
  console.log('Raspberry Pi Zero Motor control started!');
});
```

다음 코드는 사용자 인터페이스를 보여준다.

```javascript
$( document ).ready(function( ) {

  $( "#motor-speed" ).mouseup(function( ) {

    // 값을 가져오기
    var speed = $('#motor-speed').val( );

    // 새로운 값 설정
    $.get('/set?speed=' + speed);

  });

});
```

```html
<!DOCTYPE html>
<html>

<head>
  <script src="https://code.jquery.com/jquery-2.2.4.min.js"></script>
  <link rel="stylesheet"
href="https://maxcdn.bootstrapcdn.com/bootstrap/3.3.6/css/bootstrap.min.css
">
  <script
src="https://maxcdn.bootstrapcdn.com/bootstrap/3.3.6/js/bootstrap.min.js"><
/script>
  <script src="js/interface.js"></script>
  <link rel="stylesheet" href="css/style.css">
  <meta name="viewport" content="width=device-width, initial-scale=1">
</head>
<body>

<div id="container">

  <h3>Motor Control</h3>
```

```
  <div class='row'>

    <div class='col-md-4'></div>
    <div class='col-md-4 text-center'>
      <input id="motor-speed" type="range" value="0" min="0" max="255"
step="1">
    </div>
    <div class='col-md-4'></div>

  </div>
</div>

</body>
</html>
```

애플리케이션을 테스트하려면, 컴퓨터의 웹 브라우저에서 http://192.168.1.108:3000
링크를 연다. 여기서 라즈베리 파이의 IP 주소로 변경한다. 인터페이스는 다음과 같다.

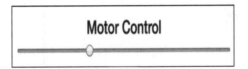

▌ 전기 회로로 조명 제어

다음 절에서는 가정 내의 여러 다른 장치를 제어하는 프로젝트에 대한 아이디어를 제공
한다.

가전 제품

가정에는 램프와 세탁기, 히터 등 많은 가전 제품이 있다. 이 절에서는 전기 회로를 사용해 라즈베리 파이에 연결된 램프를 제어하는 방법을 알아본다. 여기서는 MOC3011 같은 옵토커플러optocoupler와 트라이액Triac을 사용한다. 다음 그림은 애플리케이션의 회로를 보여준다.

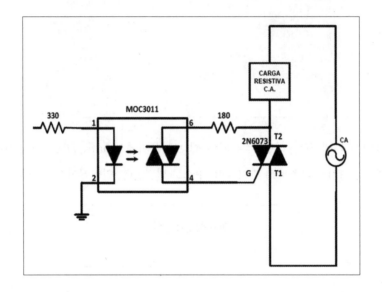

라즈베리 파이 회로에 연결된 최종 프로젝트는 다음과 같다.

장치를 제어하기 위한 자바스크립트 코드는 다음과 같다.

```
// 모듈
var express = require('express');

// 익스프레스 앱
var app = express();

// 핀
var lampPin = 12;

// 공개 디렉터리 사용
app.use(express.static('public'));

// 라우트
app.get('/', function (req, res) {
```

```javascript
  res.sendfile(__dirname + '/public/interface.html');

});

app.get('/on', function (req, res) {
  piREST.digitalWrite(lampPin, 1);

  // 응답
  answer = {
    status: 1
  };
  res.json(answer);

});

app.get('/off', function (req, res) {

  piREST.digitalWrite(lampPin, 0);

  // 응답
  answer = {
    status: 0
  };
  res.json(answer);

});

// aREST
var piREST = require('pi-arest')(app);
piREST.set_id('34f5eQ');
piREST.set_name('my_rpi_zero');

// 서버 시작
app.listen(3000, function () {
  console.log('Raspberry Pi Zero lamp control started!');
});
```

234

웹 페이지에서 램프를 제어할 수 있는 인터페이스가 필요하다.

```html
<!DOCTYPE html>
<html>

<head>
  <script src="https://code.jquery.com/jquery-2.2.4.min.js"></script>
  <link rel="stylesheet"
href="https://maxcdn.bootstrapcdn.com/bootstrap/3.3.6/css/bootstrap.min.css
">
  <script
src="https://maxcdn.bootstrapcdn.com/bootstrap/3.3.6/js/bootstrap.min.js"><
/script>
  <script src="js/script.js"></script>
  <link rel="stylesheet" href="css/style.css">
  <meta name="viewport" content="width=device-width, initial-scale=1">
</head>

<body>

<div id="container">

  <h3>Lamp Control</h3>

  <div class='row'>

    <div class='col-md-4'></div>
    <div class='col-md-2'>
      <button id='on' class='btn btn-block btn-primary'>On</button>
    </div>
    <div class='col-md-2'>
      <button id='off' class='btn btn-block btn-warning'>Off</button>
    </div>
    <div class='col-md-4'></div>

  </div>
```

```
</div>

</body>
</html>
```

웹 브라우저에 들어가면 다음 인터페이스가 표시된다.

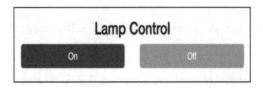

▌ 기타 제품

이 절에서는 가정이나 다른 영역에서 생성하고 제어하는 데 사용할 수 있는 여러 다른 애플리케이션을 살펴본다.

도어록 제어

이 절에서는 인터페이스에서 제어할 수 있는 라즈베리 파이에 연결된 다른 제품들을 살펴본다. 웹 인터페이스를 통해 집의 도어록door lock을 제어할 수 있다.

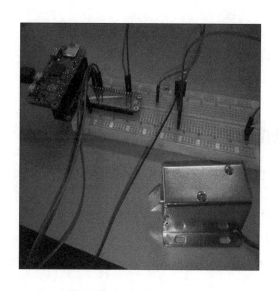

관수 장치 제어

라즈베리 파이에 연결된 12볼트 플라스틱 워터 솔레노이드solenoid 밸브로 식물에 물 주기를 제어할 수 있다.

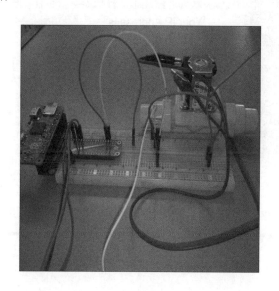

이 프로젝트를 통해 자동 관수 시스템을 만들고 습도 센서를 추가해 정원의 식물에 물을 주는 시간을 프로그래밍할 수 있다.

▌ 라즈베리 파이 제로에 원격 접속하기

네트워크 외부에서 라즈베리 파이에 접속하려면 다음을 수행해야 한다.

- 모뎀에 공용 IP 주소가 있는지 확인한다.
- 브라우저에서 사용할 주소를 조사한다.
- 브라우저에서 http ://whatismyipaddress.com/을 입력한다.

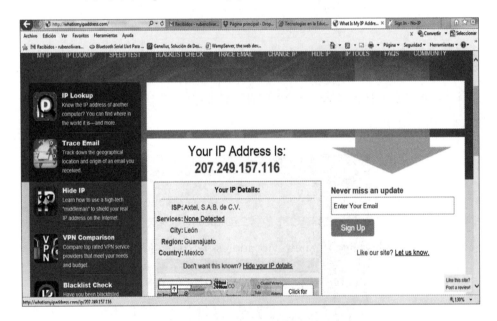

ISP가 제공하는 IP는 일반적으로 일정 시간이 지나면 변경되는 동적 IP다. 여기서는 변경되지 않는 고정 주소가 필요하다.

모뎀 설정 방법

IP 주소(게이트웨이)를 통해 모뎀에 접근하고 포트 지정 부분으로 이동한다. 웹 서버를 가리키는 포트 80을 구성한다(계정의 IP 주소를 입력). 이 IP 주소는 시스템의 DHCP 서버를 자동으로 할당하는 주소다.

다음은 모뎀 라우터에서 전달할 수 있는 포트다.

Application	External Port	Internal Port	Protocol
HTTP	80	80	TCP ∨
FTP	21	21	TCP ∨
FTP-Data	20	20	TCP ∨
Telnet	23	23	TCP ∨
SMTP	25	25	TCP ∨
TFTP	69	69	UDP ∨
finger	79	79	TCP ∨
NTP	123	123	UDP ∨
POP3	110	110	TCP ∨
NNTP	119	119	TCP ∨
SNMP	161	161	UDP ∨
CVS	2401	2401	TCP ∨
SMS	2701	2701	TCP ∨
SMS-rmctl	2702	2702	TCP ∨

게이트웨이 IP 주소를 구하려면 관리자 권한으로 `ipconfig` 명령을 입력한다. 그런 다음 router.1 웹 브라우저에 http://gatewayip_address를 입력한다.

다음은 링크시스 라우터의 경우 표시되는 예를 보여준다. 라우터마다 보여지는 인터페이스는 달라질 수 있다.

포트를 열기 위해서는 외부에서 접근할 수 있는 권한을 부여하도록 라우터를 구성해야 한다.

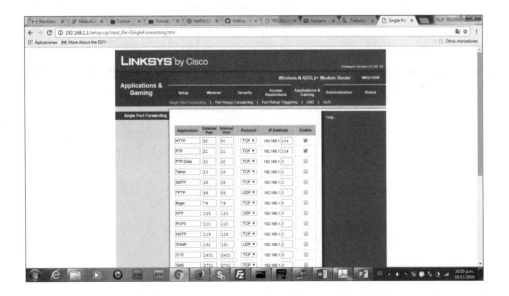

이 스크린샷은 최종 결과로, 포트 번호 3000을 여는 방법과 애플리케이션 노드의 이름을
보여준다.

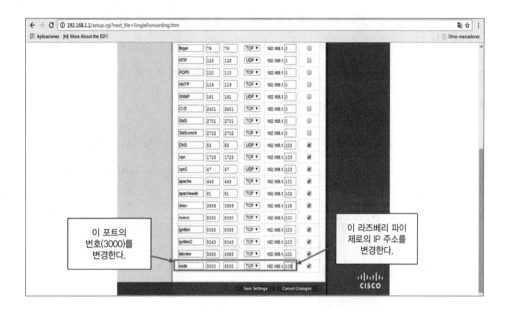

동적 DNS 구성

도메인 이름 서비스를 구성해 도메인 이름으로 웹 서버에 접속할 수 있도록 한다(웹 서버의
IP 주소를 기억하는 것은 매우 어렵다). 이를 위해 도메인 이름 서버DNS, Domain Name Server가 만들
어졌다. 다음 절에서 도메인을 생성한다.

집 밖에서 IoT 제어판에 접속하길 원할 것이다. 이럴 경우 웹 서버가 인터넷상의 호스트
가 돼야 한다.

IoT 제어판이 집에 있는 라우터 뒤에 있기 때문에 그리 간단하지 않다. 일반적으로 대부
분의 사용자는 웹 페이지를 제공하기보다 단순히 웹에 접속하기 때문에 ISP는 정적 공용
IP 주소를 제공하지 않는다.

따라서 시간에 따라 변경되는 IP 주소가 라우터에 제공된다. <whatsmyip...>를 탐색하면 현재 공개 IP가 무엇인지 확인할 수 있다.

이 주소는 변경될 수 있다. 외부 접속을 설정하기 위해 두 가지 중 하나를 수정해야 한다. 정적 IP를 사용해 시뮬레이션하려는 경우라면 동적 DNS와 같은 서비스를 사용할 수 있다. 반면에 단지 외부 접속을 '시험 사용'하려는 경우라면 라우터의 포트를 열면 된다.

동적 DNS의 이점은 다음과 같다.

- 한 가지 해결책은 공개 IP가 고정되도록 클라이언트를 설치하는 것이다. 클라이언트 함수(컴퓨터에 설치된 소프트웨어)는 www.no-ip.org 사이트와의 통신을 유지한다.
- 모뎀의 IP 주소가 변경되면, 클라이언트는 해당 IP를 변경한다.
- 이렇게 하면 도메인 이름이 항상 공개 IP 주소를 가리킬 수 있다. 설치된 소프트웨어는 No-IP DUC다.

No-ip.org 계정 생성

다음 스크린샷에서 향상된 동적 DNS 설정을 볼 수 있다.

▌ 조명 제어 및 소비 전류 측정

이 절에서는 조명이 켜지거나 꺼져 있을 때 현재 전력 소비량을 제어하고 모니터링하는 방법을 알아본다. 웹 페이지에서 아두이노 Wi-Fi 실드를 사용해 이 변수를 모니터링한다. 조명이 꺼지면 다음과 같다.

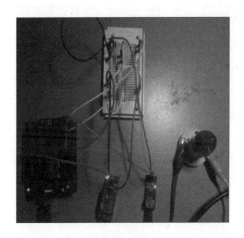

조명이 켜지면 다음과 같다.

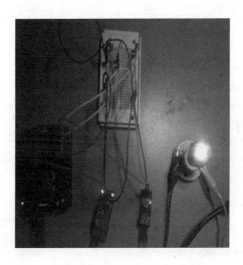

이제 Controlling_lights_Current_Consumption.ino 파일에 코드를 복사하거나 이 책의 폴더에서 전체 코드를 가져올 수 있다.

모니터링하고 제어할 변수 및 함수를 정의한다.

```
#define NUMBER_VARIABLES 2
#define NUMBER_FUNCTIONS 1
```

사용할 라이브러리를 가져온다.

```
#include <Adafruit_CC3000.h>
#include <SPI.h>
#include <CC3000_MDNS.h>
#include <aREST.h>
```

릴레이가 활성화되도록 구성한다.

```
const int relay_pin = 8;
```

전류를 계산하는 변수다.

```
float amplitude_current;
float effective_value;
float effective_voltage = 110;
float effective_power;
float zero_sensor;
```

모듈을 구성하기 위한 핀을 정의한다.

```
#define ADAFRUIT_CC3000_IRQ 3
#define ADAFRUIT_CC3000_VBAT 5
```

```
#define ADAFRUIT_CC3000_CS 10
Adafruit_CC3000 cc3000 = Adafruit_CC3000(ADAFRUIT_CC3000_CS,
ADAFRUIT_CC3000_IRQ, ADAFRUIT_CC3000_VBAT);
```

인스턴스를 생성한다.

```
aREST rest = aREST();
```

네트워크의 SSID와 비밀번호를 정의한다.

```
#define WLAN_SSID "xxxxxxxx"
#define WLAN_PASS "xxxxxxxx"
#define WLAN_SECURITY WLAN_SEC_WPA2
```

서버의 포트를 구성한다.

```
#define LISTEN_PORT 80
```

서버의 인스턴스다.

```
Adafruit_CC3000_Server restServer(LISTEN_PORT);
MDNSResponder mdns;
```

사용할 변수다.

```
int power;
int light;
```

사용할 변수를 게시한다.

```
void setup(void)
{
  Serial.begin(115200);
  rest.variable("light",&light);
  rest.variable("power",&power);
```

출력되는 릴레이 핀을 설정한다.

```
pinMode(relay_pin,OUTPUT);
```

현재 센서를 보정한다.

```
zero_sensor = getSensorValue(A1);
```

장치의 ID와 이름을 선언한다.

```
rest.set_id("001");
rest.set_name("control");
```

이 부분에서는 장치가 연결돼 있는지 확인한다.

```
if (!cc3000.begin())
{
  while(1);
}

if (!cc3000.connectToAP(WLAN_SSID, WLAN_PASS, WLAN_SECURITY)) {
  while(1);
}
```

```
while (!cc3000.checkDHCP())
{
  delay(100);
}
```

이 부분에서는 통신 요청을 정의한다.

```
if (!mdns.begin("arduino", cc3000)) {
  while(1);
}
displayConnectionDetails();
```

서버를 시작한다.

```
  restServer.begin();
  Serial.println(F("Listening for connections..."));
}
```

센서를 읽는다.

```
void loop() {
  float sensor_reading = analogRead(A0);
  light = (int)(sensor_reading/1024*100);
  float sensor_value = getSensorValue(A1);
```

전류의 미적분을 구하고 신호를 얻는다.

```
amplitude_current = (float)(sensor_value-zero_sensor)/1024*5/185*1000000;
effective_value = amplitude_current/1.414;
effective_power = abs(effective_value*effective_voltage/1000);
power = (int)effective_power;
mdns.update();
```

수신 요청을 정의한다.

```
Adafruit_CC3000_ClientRef client = restServer.available();
    rest.handle(client);
  }
```

IP 주소 구성을 표시한다.

```
bool displayConnectionDetails(void)
{
  uint32_t ipAddress, netmask, gateway, dhcpserv, dnsserv;
  if(!cc3000.getIPAddress(&ipAddress, &netmask, &gateway, &dhcpserv,
&dnsserv))
  {
    Serial.println(F("Unable to retrieve the IP Address!\r\n"));
    return false;
  }
  else
  {
    Serial.print(F("\nIP Addr: ")); cc3000.printIPdotsRev(ipAddress);
    Serial.print(F("\nNetmask: ")); cc3000.printIPdotsRev(netmask);
    Serial.print(F("\nGateway: ")); cc3000.printIPdotsRev(gateway);
    Serial.print(F("\nDHCPsrv: ")); cc3000.printIPdotsRev(dhcpserv);
    Serial.print(F("\nDNSserv: ")); cc3000.printIPdotsRev(dnsserv);
    Serial.println();
    return true;
  }
}
```

특정 측정 값의 평균을 계산하고 전류 적분을 반환하는 전류 센서의 함수는 다음과 같다.

```
float getSensorValue(int pin)
{
  int sensorValue;
```

```
  float avgSensor = 0;
  int nb_measurements = 100;
  for (int i = 0; i < nb_measurements; i++) {
    sensorValue = analogRead(pin);
    avgSensor = avgSensor + float(sensorValue);
  }
  avgSensor = avgSensor/float(nb_measurements);
  return avgSensor;
}
```

제어 및 모니터링 인터페이스 구축하기

다음은 조명을 제어하고 센서로 전류를 모니터링하는 인터페이스를 표시하는 코드다.

Node.js용 제이드 설치

이 프로젝트에 적용된 제이드Jade 인터페이스를 구성해야 한다. 이를 위해 다음 명령을 입력한다.

```
npm install arest express jade
```

시스템에 업데이트가 필요한 경우를 대비해 다음 명령을 입력한다.

```
npm install pug
```

제어 및 모니터링 인터페이스

먼저 페이지 헤더를 정의하고 HTML 태그를 추가한다.

```
doctype
html
  head
    title Control and monitoring
```

제이쿼리와 부트스트랩을 위한 함수 링크를 정의한다.

```
link(rel='stylesheet', href='/css/interface.css')
  link(rel='stylesheet',
href="https://maxcdn.bootstrapcdn.com/bootstrap/3.3.0/css/bootstrap.min.css
")
  script(src="https://code.jquery.com/jquery-2.1.1.min.js")
  script(src="/js/interface.js")
```

웹 페이지에서 제어할 버튼을 표시한다.

```
body
  .container
    h1 Controlling lights
    .row.voffset
      .col-md-6
        button.btn.btn-block.btn-lg.btn-primary#1 On
      .col-md-6
        button.btn.btn-block.btn-lg.btn-danger#2 Off
    .row
```

전원과 조명 레벨을 표시한다.

```
.col-md-4
  h3#powerDisplay Power:
.col-md-4
  h3#lightDisplay Light level:
.col-md-4
  h3#status Offline
```

이제 다음 스크린샷과 같이 애플리케이션을 실행한다. 서버가 포트 3000에서 열리고 보드로 요청을 보내기 시작할 때 웹 브라우저에서 http://localhost:3000 주소를 입력한다. 두 개의 버튼과 장치가 온라인으로 연결된 웹 페이지를 보여준다.

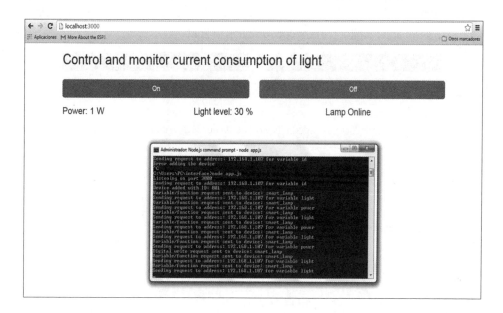

파란색 On 버튼을 클릭해 보드의 조명을 켜면, 몇 초 후에 전원이 증가하는 것을 볼 수 있다.

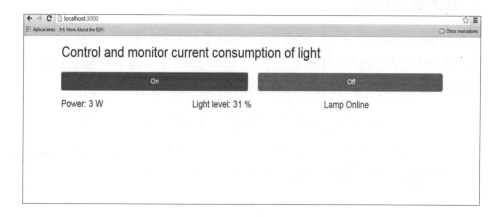

빨간색 **Off** 버튼을 클릭하면 몇 초 후에 전원이 감소해 0W가 된다. 이는 모든 것이 완벽하게 동작하고 있음을 의미한다.

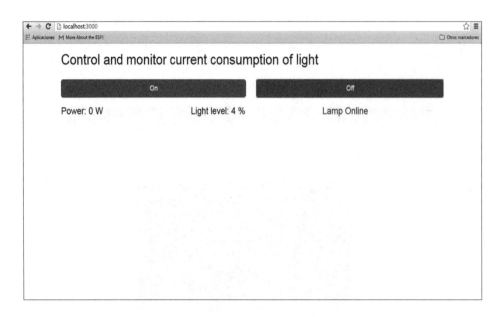

연결된 장치와 센서의 아두이노, Wi-Fi, 이더넷 실드 제어 및 모니터링

이전 절에서는 윈도우 컴퓨터에서 실행되는 node.js를 사용해 웹 페이지에서 아두이노 보드를 제어하고 모니터링하는 방법을 알아봤다. 이번 절에서는 Node.js가 설치된 환상적인 라즈베리 파이 제로를 사용해 보드의 자바스크립트 애플리케이션을 실행한다.

나는 웹 서버가 설치된 개인용 컴퓨터를 사용하는 대신 보드를 사용하는 잠재력을 확인했으며, 이 경험을 바탕으로 이 프로젝트를 만들었다. 이 프로젝트에서는 애플리케이션을 라즈베리 파이 제로에서 사용하는 것이 더 효율적이라고 말하고 싶다.

다음과 같은 서로 다른 장치를 사용해 단일 대시보드에서 하나 이상의 장치를 제어하는 방법을 알아본다.

- Wi-Fi 실드
- ESP8266 모듈
- 이더넷 실드

단일 인터페이스에서 장치 제어 및 모니터링 코드 작성

이제 코드를 app.js 파일에 복사하거나, 이 프로젝트의 폴더에서 전체 코드를 가져올 수 있다.

시스템에 연결된 장치의 출력을 구성한다.

```
$.getq('queue', '/lamp_control/mode/8/o');
$.getq('queue', '/lamp_control2/mode/5/o');
```

제어하는 함수를 시작한다.

```
$(document).ready(function() {
```

aREST API를 사용해 ON에 대한 GET 요청을 만든다.

```
// 램프 이더넷 실드 제어 함수
  $("#1").click(function() {
    $.getq('queue', '/lamp_control/digital/8/1');
  });
```

aREST API를 사용해 OFF에 대한 GET 요청을 만든다.

```
$("#2").click(function() {
  $.getq('queue', '/lamp_control/digital/8/0');
});
```

ESP8266 장치에 대해 동일하게 ON에 대한 GET 요청을 만든다.

```
// 램프 ESP8266 제어 함수
  $("#3").click(function() {
    $.getq('queue', '/lamp_control2/digital/5/0');
  });
```

ESP8266 장치에 대해 동일하게 OFF에 대한 GET 요청을 만든다.

```
$("#4").click(function() {
    $.getq('queue', '/lamp_control2/digital/5/1');
  });
```

센서의 온도 및 습도 데이터를 가져온다.

```
function refresh_dht() {
    $.getq('queue', '/sensor/temperature', function(data) {
  $('#temperature').html("Temperature: " + data.temperature + " C");
  });

$.getq('queue', '/sensor2/temperature2', function(data) {
  $('#temperature2').html("Temperature: " + data.temperature2 + " C");
  });

$.getq('queue', '/sensor/humidity', function(data) {
  $('#humidity').html("Humidity: " + data.humidity + " %");
```

```
    });
        $.getq('queue', '/sensor2/humidity2', function(data) {
      $('#humidity2').html("Humidity: " + data.humidity2 + " %");
});
    }
```

이 코드는 페이지를 1,000초마다 새로 고친다.

```
refresh_dht();
setInterval(refresh_dht, 10000);
});
```

모니터링 및 제어할 장치 추가

시스템이 매우 안정적이다. 라즈베리 파이 제로에서 모니터링할 장치를 다음 자바스크립트 애플리케이션과 함께 추가한다.

익스프레스 모듈과 필요한 라이브러리를 생성한다.

```
var express = require('express');
var app = express();
```

열릴 포트를 정의한다.

```
var port = 3000;
```

HTML 웹 페이지에 대해 제이드 엔진을 구성한다.

```
app.set('view engine', 'jade');
```

공용 디렉터리에서 접근할 수 있게 만든다.

```
app.use(express.static(__dirname + '/public'));
```

실행될 서버 명령어에 대한 인터페이스다.

```
app.get('/', function(req, res){
res.render('interface');
});
```

rest 요청으로 arest 파일을 선언한다.

```
var rest = require("arest")(app);
```

이 코드는 제어하고 모니터링할 장치를 정의한다. 이것으로 원하는 장치를 추가할 수 있다.

```
rest.addDevice('http','192.168.1.108');
rest.addDevice('http','192.168.1.105');
rest.addDevice('http','192.168.1.107');
rest.addDevice('http','192.168.1.110');
```

포트 3000으로 서버를 설정하고 웹 브라우저 클라이언트의 요청을 청취한다.

```
app.listen(port);
console.log("Listening on port " + port);
```

모든 것이 완벽하게 구성되면, 다음 명령을 입력해 애플리케이션을 테스트한다.

```
sudo npm install arest express jade
```

이는 제이드 플랫폼을 설치하고 라즈베리 파이 제로에서 aREST API를 인식한다.

업데이트가 필요하면 다음 명령을 입력한다.

```
sudo npm install pug
```

arest express를 업데이트하려면 다음 명령을 입력한다.

```
sudo npm install pi-arest express
```

arest API를 포함하도록 이 패키지를 설치하는 것이 매우 중요하다.

```
sudo npm install arest --unsafe-perm
```

애플리케이션을 실행하려면 애플리케이션이 있는 폴더로 이동해 다음 명령을 입력한다.

```
node app.js
```

다음 스크린샷에서 서버가 포트 3000을 여는 것을 확인할 수 있다.

최종 테스트를 위해 선호하는 웹 브라우저에 http://IP_Address_of_Raspberry_Pi_ Zero/port와 같이 라즈베리 파이의 IP 주소를 입력한다.

다음 스크린샷은 단일 웹 페이지에서 여러 장치를 제어하고 모니터링할 수 있는 라즈베리 파이 제로 대시보드를 보여준다. 이를 통해 원격 시스템과 제어판 같은 재미있는 작업을 수행할 수 있다.

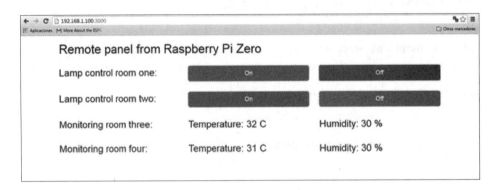

마지막으로 단일 데이터 대시보드에서 여러 장치를 사용해 시스템을 제어하고 모니터링하는 것을 보여주면서 이 장을 마무리한다.

▌ 요약

6장에서는 아두이노와 함께 라즈베리 파이 제로를 사용함으로써 앞 장에서 배운 기술을 바탕으로 모니터링 및 제어를 위한 대시보드를 통합하고 구축하는 방법을 배웠다. 6장은 모든 도구와 웹 서버, 데이터베이스 서버, 애플리케이션을 적용해 다양한 애플리케이션과 영역에서 여러분 자신만의 사물인터넷(IoT) 시스템을 만드는 데 도움이 되는 기본적이면서 필수적인 도구를 제공했다. 또한 라우터를 설정해 전 세계 어디서나 라즈베리 파이를 제어할 수 있다는 점도 확인했다.

7장에서는 사물인터넷을 위한 매우 멋진 장치를 만들 것이며, 미니 홈 도모틱스 프로젝트를 만드는 방법을 알아본다.

07

사물인터넷 대시보드로
스파이 폴리스 구축하기

7장에서는 여러 홈 프로젝트를 살펴본다. 이들 프로젝트를 앞 장에서 봤던 다른 도구와 결합할 수 있으며, 이를 통해 여러분의 지식을 향상시키고 자신만의 노하우를 개발할 수 있다. 이번 장에서 다루는 주제는 다음과 같다.

- 소음을 감지하는 스파이 마이크
- AC 램프 조광기의 전류 조절
- RFID 카드로 접근 제어하기
- 연기 감지
- 라즈베리 파이 제로를 사용해 경보 시스템 구축하기
- 원격 대시보드에서 온습도 모니터링

소음을 감지하는 스파이 마이크

이 절에서는 집에서 소음이나 사운드의 레벨을 감지하는 데 사용할 수 있는 프로젝트를 살펴본다. 이 프로젝트는 다음 이미지와 같은 마이크 모듈로 구성된다.

소프트웨어 코드

모듈이 아두이노 보드에 보내는 아날로그 신호를 읽을 수 있는 프로그램을 만든다.

```
const int ledPin = 12; // LED 핀 번호
const int thresholdvalue = 400; // LED를 켜는 임계점

void setup() {
  pinMode(ledPin, OUTPUT);
  Serial.begin(9600);
}
void loop() {
  int sensorValue = analogRead(A0); // A0를 사용해 전기 신호 읽기
  Serial.print("Noise detected=");
  Serial.println(sensorValue);
  delay(100);
  if(sensorValue > thresholdvalue)
```

```
digitalWrite(ledPin,HIGH); // A0에서 읽은 값이 400보다 큰 경우 LED를 켠다
delay(200);
digitalWrite(ledPin,LOW);
}
```

그런 다음 스케치를 다운로드하면 다음 스크린샷과 같이 사운드 레벨의 결과를 얻을 수 있다.

다음 그림은 아두이노 보드의 최종 회로 연결을 보여준다.

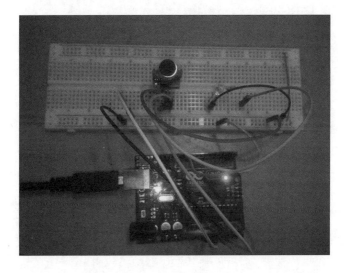

AC 램프 조광기의 전류 조절하기

이 절에서는 AC 램프를 조절하는 방법을 알아본다. 수년 동안 나는 이런 프로젝트를 설명하고 공유하길 원했는데 마침내 완성하게 됐다. 이 프로젝트는 램프를 조절해 가정 내 전력 소비를 줄이는 데 적용할 수 있다. 다음 절에서 이 프로젝트에 대해 자세히 설명한다.

하드웨어 요구 사항

다음과 같은 전자 부품이 필요하다.

- H-브리지
- 24 AC 변압기
- 두 개의 22킬로옴(1와트) 저항
- 한 개의 집적 회로(4N25)
- 한 개의 10킬로옴 저항
- 한 개의 5킬로옴 포텐셔미터potentiometer
- 한 개의 330옴 저항
- 한 개의 180옴 저항
- 한 개의 MOC3011 집적 회로
- 한 개의 TRIAC 2N6073

다음 회로 다이어그램은 아두이노 보드의 조광기^{dimmer} 연결을 보여준다.

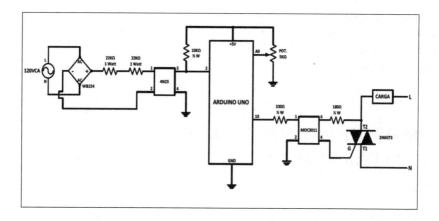

소프트웨어 코드

이제 Dimner.ino라는 파일에 코드를 복사하거나, 이 프로젝트의 폴더에서 전체 코드를 가져올 수 있다.

```
int load = 10;
int intensity = 128;

void setup( )
{
pinMode(loaf, OUTPUT);
attachInterrupt(0, cross_zero_int, RISING);
}

void loop( )
{
intensity = map(analogRead(0),0,1023,10,128);
}

void cross_zero_int( )
```

```
{
int dimtime = (65 * intensity);
delayMicroseconds(dimtime);
digitalWrite(load, HIGH);
delayMicroseconds(8);
digitalWrite(load, LOW);
}
```

스케치를 다운로드하면 최종 결과를 볼 수 있다. 포텐셔미터로 램프의 강도를 조절할 수 있고 집에서 원할 때마다 램프를 켤 수 있다. 또한 환경의 주변광에 따라 램프를 제어할 수도 있다.

다음 이미지처럼 포텐셔미터의 입력 신호를 조절하면 램프의 변화를 볼 수 있다.

다음 이미지는 램프의 밝기를 조절한 결과를 보여준다.

다음은 최대 밝기에서 램프의 조광기를 보여준다.

▌RFID 카드로 접근 제어하기

이 절에서는 문의 출입을 제어하는 방법을 살펴본다. 6장에서 집의 도어록과 램프를 제어하는 방법을 알아봤다. 이 프로젝트에서는 이를 보완해 문을 열거나 특정 침실문 또는 다른 방의 조명을 제어한다.

하드웨어 요구 사항

이 프로젝트에는 다음 장비가 필요하다.

- TAGS 카드 읽기
- RFID RC522 모듈
- 아두이노 보드

다음 이미지는 접근을 읽고 제어하는 RFID 태그를 보여준다.

다음 그림은 RFID 카드 인터페이스를 보여준다.

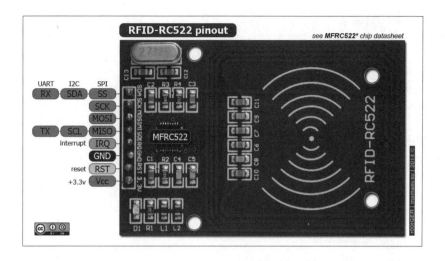

소프트웨어 요구 사항

〈MFRC522.h〉 라이브러리를 설치해야 한다. 이 파일은 태그 카드를 읽는 모듈을 구성하고 통신할 수 있다. 이 라이브러리는 https://github.com/miguelbalboa/rfid에서 다운로드할 수 있다.

소프트웨어 코드

이제 RFID.ino라는 파일에 코드를 복사하거나, 이 프로젝트의 폴더에서 전체 코드를 가져올 수 있다.

```
#include <MFRC522.h>
#include <SPI.h>
#define SAD 10
#define RST 5
```

```
MFRC522 nfc(SAD, RST);

#define ledPinOpen 2
#define ledPinClose 3

void setup() {
  pinMode(ledPinOpen,OUTPUT);
  pinMode(ledPinClose,OUTPUT);

  SPI.begin();
  Serial.begin(115200);
  Serial.println("Looking for RC522");
  nfc.begin();
  byte version = nfc.getFirmwareVersion();

  if (! version) {
    Serial.print("We don't find RC522");
    while(1);
  }
  Serial.print("Found RC522");
  Serial.print("Firmware version 0x");
  Serial.print(version, HEX);
  Serial.println(".");
}

#define AUTHORIZED_COUNT 2 // 인증된 카드 수
byte Authorized[AUTHORIZED_COUNT][6] = {{0xC6, 0x95, 0x39, 0x31,
0x5B},{0x2E, 0x7, 0x9A, 0xE5, 0x56}};
void printSerial(byte *serial);
boolean isSame(byte *key, byte *serial);
boolean isAuthorized(byte *serial);

void loop() {
  byte status;
  byte data[MAX_LEN];
  byte serial[5];
  boolean Open = false;
  digitalWrite(ledPinOpen, Open);
```

```
      digitalWrite(ledPinClose, !Open);
      status = nfc.requestTag(MF1_REQIDL, data);

      if (status == MI_OK) {
        status = nfc.antiCollision(data);
        memcpy(serial, data, 5);
        if(isAuthorized(serial))
        {
          Serial.println("Access Granted");
          Open = true;
        }
        else
        {
          printSerial(serial);
          Serial.println("NO Access");
          Open = false;
        }
        nfc.haltTag();
        digitalWrite(ledPinOpen, Open);
        digitalWrite(ledPinClose, !Open);
        delay(2000);
      }
      delay(500);
  }

boolean isSame(byte *key, byte *serial)
{
  for (int i = 0; i < 4; i++) {
    if (key[i] != serial[i])
    {
      return false;
    }
  }
  return true;
}

boolean isAuthorized(byte *serial)
{
```

```
  for(int i = 0; i<AUTHORIZED_COUNT; i++)
  {
    if(isSame(serial, Authorized[i]))
      return true;
  }
  return false;
}
void printSerial(byte *serial)
{
  Serial.print("Serial:");
  for (int i = 0; i < 5; i++) {
  Serial.print(serial[i], HEX);
  Serial.print(" ");
  }
}
```

다음은 아두이노에 연결된 RFID 모듈 앞에서 태그 카드를 통과시킬 때의 최종 결과다. 다음 코드가 메시지 'Access Granted(접근 허가)'를 표시한다.

이 코드에서 승인된 카드 수를 구성한다.

```
#define AUTHORIZED_COUNT 2
byte Authorized[AUTHORIZED_COUNT][6] = {{0xC6, 0x95, 0x39, 0x31, 0x5B},
  {0x2E, 0x7, 0x9A, 0xE5, 0x56}};
```

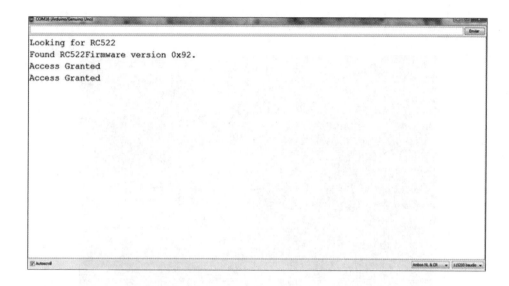

등록하지 않은 카드를 접근시키면 다음과 같이 접근이 제한된다.

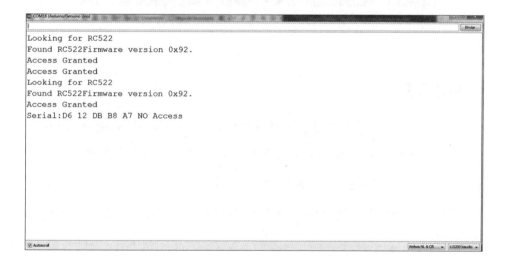

전체 연결을 보여주는 최종 결과는 다음 그림과 같다.

▌ 연기 감지

이 절에서는 연기를 감지할 수 있는 MQ135 센서를 테스트한다. 이 센서는 가정에서 가스 누출을 감지하는 데도 사용할 수 있다. 예제의 경우 이 센서를 사용해 연기를 감지한다.

홈 오토메이션 시스템에서는 실세계에서 일어나는 일들을 감지하기 위해 여러 가지 센서를 사용한다. 예제의 경우 다음 이미지와 같이 가스 및 연기를 감지할 수 있는 MQ135 센서를 사용한다.

소프트웨어 코드

다음 코드는 가스 센서를 사용해 연기를 감지하는 프로그램의 작성 방법을 보여준다.

```
const int sensorPin= 0;
const int buzzerPin= 12;
int smoke_level;

void setup( ) {
Serial.begin(115200);
pinMode(sensorPin, INPUT);
pinMode(buzzerPin, OUTPUT);
}

void loop( ) {
smoke_level= analogRead(sensorPin);
Serial.println(smoke_level);

if(smoke_level > 200){
digitalWrite(buzzerPin, HIGH);
}

else{
digitalWrite(buzzerPin, LOW);
}
}
```

연기가 감지되지 않으면, 다음 스크린샷과 같은 값이 생성된다.

연기가 감지되면, 다음 스크린샷과 같이 측정 범위 305에서 320까지의 값이 생성된다.

전체 회로가 연결된 최종 결과는 다음 이미지와 같다.

▍ 라즈베리 파이 제로를 사용해 경보 시스템 구축하기

이 절에서는 PIR 센서가 라즈베리 파이 제로에 연결된 간단한 경보 시스템을 구축한다. 이 것은 다른 센서를 포함해 가정 내에 추가할 수 있는 중요한 프로젝트다.

라즈베리 파이 제로와 모션 센서 연결

이 프로젝트에는 라즈베리 파이 제로와 모션 센서 PIR, 그리고 케이블이 필요하다. 이 프로젝트의 하드웨어 구성은 실제로 매우 간단하다. 먼저 모션 센서의 VCC 핀을 라즈베리 파이의 3.3볼트 핀에 연결한다. 그런 다음 센서의 GND 핀을 라즈베리 파이의 GND 핀에 연결한다. 마지막으로 모션 센서의 OUT 핀을 라즈베리 파이의 GPIO17 핀에 연결한다. 라즈베리 파이 보드의 핀 매핑에 대해서는 이전 장을 참조한다.

다음 그림은 최종 회로 연결을 보여준다.

소프트웨어 코드

이제 Project1이라는 폴더 안에 코드를 복사하거나, 이 프로젝트의 폴더에서 전체 코드를 가져올 수 있다.

```
// 모듈
var express = require('express');

// 익스프레스 앱
var app = express();

// aREST
var piREST = require('pi-arest')(app);
piREST.set_id('34f5eQ');
piREST.set_name('motion_sensor');
piREST.set_mode('bcm');
```

```
// 서버 시작
app.listen(3000, function () {
  console.log('Raspberry Pi Zero motion sensor started!');
});
```

경보 모듈

일반적으로 가정 내에는 동작이 감지됐을 때 소리를 내거나 불빛을 깜박거리는 모듈이 있을 것이다. 물론 움직임이 감지됐을 때 버저buzzer 대신에 실제 사이렌에 연결해 큰 소리를 발생시킬 수도 있다.

이 모듈을 조립하기 위해, 먼저 LED의 가장 긴 핀과 330옴의 저항을 직렬로 브레드보드에 연결한다. 또한 버저를 브레드보드에 연결한다. 그런 다음 저항의 다른 쪽을 라즈베리 파이의 GPIO14에 연결하고 LED의 다른 쪽을 라즈베리 파이의 한 GND 핀에 연결한다. 버저의 경우, 버저의 + 표시가 있는 핀은 GPIO15에 연결하고 버저의 다른 핀은 라즈베리 파이의 GND 핀에 연결한다.

소프트웨어 코드

세부 코드는 다음과 같다.

```
// 모듈
var express = require('express');

// 익스프레스 앱
var app = express();

// aREST
var piREST = require('pi-arest')(app);
piREST.set_id('35f5fc');
```

```
piREST.set_name('alarm');
piREST.set_mode('bcm');

// 서버 시작
app.listen(3000, function () {
  console.log('Raspberry Pi Zero alarm started!');
});
```

다음은 연결된 최종 회로를 보여준다.

중앙 인터페이스

먼저 다음 코드를 사용해 앱의 중앙 인터페이스를 작성한다.

```
// 모듈
var express = require('express');
var app = express();
var request = require('request');
```

```javascript
// 공용 디렉터리 사용
app.use(express.static('public'));

// 라즈베리 파이 주소
var motionSensorPi = "192.168.1.104:3000";
var alarmPi = "192.168.1.103:3000"

// 핀
var buzzerPin = 15;
var ledPin = 14;
var motionSensorPin = 17;

// 경로
app.get('/', function (req, res) {
res.sendfile(__dirname + '/public/interface.html');
});
app.get('/alarm', function (req, res) {
res.json({alarm: alarm});
});

app.get('/off', function (req, res) {

  // 경보 끄기
  alarm = false;

  // LED와 버저 끄기
  request("http://" + alarmPi + "/digital/" + ledPin + '/0');
  request("http://" + alarmPi + "/digital/" + buzzerPin + '/0');

  // 응답
  res.json({message: "Alarm off"});

});

// 서버 시작
  var server = app.listen(3000, function() {
console.log('Listening on port %d', server.address().port);
```

```
});

// 모션 센서 측정 루프
setInterval(function() {

  // 모션 센서에서 데이터 가져오기
  request("http://" + motionSensorPi + "/digital/" + motionSensorPin,
    function (error, response, body) {

      if (!error && body.return_value == 1) {

        // 경보 활성화
        alarm = true;

        // LED 켜기
        request("http://" + alarmPi + "/digital/" + ledPin + '/1');

        // 버저 켜기
        request("http://" + alarmPi + "/digital/" + buzzerPin + '/1');
      }
    });
}, 2000);
```

그래픽 인터페이스

이제 HTML로 시작하는 인터페이스 파일을 살펴보자. 프로젝트에 필요한 모든 라이브러리와 파일을 가져오는 것부터 시작한다.

```
<!DOCTYPE html>
<html>

<head>
  <script src="https://code.jquery.com/jquery-2.2.4.min.js"></script>
  <link rel="stylesheet"
```

```
href="https://maxcdn.bootstrapcdn.com/bootstrap/3.3.6/css/bootstrap.min.css
">
  <script
src="https://maxcdn.bootstrapcdn.com/bootstrap/3.3.6/js/bootstrap.min.js"><
/script>
  <script src="js/script.js"></script>
  <link rel="stylesheet" href="css/style.css">
<meta name="viewport" content="width=device-width, initial-scale=1">
</head>

<script type="text/javascript">

/* Copyright (C) 2007 Richard Atterer, richardÂ©atterer.net
   This program is free software; you can redistribute it and/or modify it
   under the terms of the GNU General Public License, version 2. See the
file
   COPYING for details. */

var imageNr = 0; // 현재 이미지의 일련번호
var finished = new Array(); // 다운로드를 완료한 img 객체에 대한 참조
var paused = false;

</script>
<div id="container">

  <h3>Security System</h3>
  <div class='row voffset50'>
  <div class='col-md-4'></div>
  <div class='col-md-4 text-center'>
    Alarm is OFF
  </div>
  <div class='col-md-4'></div>
  </div>

  <div class='row'>
  <div class='col-md-4'></div>
  <div class='col-md-4'>
    <button id='off' class='btn btn-block btn-danger'>Deactivate
```

```
Alarm</button>
    </div>
    <div class='col-md-4'></div>
  </div>

  </div>

</body>
</html>
```

█ 원격 대시보드에서 온습도 모니터링하기

오늘날 대부분의 스마트 홈은 인터넷에 연결돼 있어 집을 모니터링할 수 있다. 이 절에서는 원격으로 온도를 모니터링하는 방법을 알아본다. 먼저 라즈베리 파이 제로에 센서를 추가하고 클라우드 대시보드에서 측정을 모니터링한다. 어떻게 동작하는지 살펴보자.

다음 그림은 최종 연결을 보여준다.

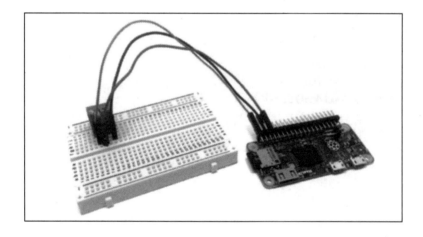

센서 테스트 탐색

```javascript
var sensorLib = require('node-dht-sensor');
var sensor = {
  initialize: function () {
    return sensorLib.initialize(11, 4);
  },
  read: function () {
    var readout = sensorLib.read();
    console.log('Temperature: ' + readout.temperature.toFixed(2) + 'C,
' +
        'humidity: ' + readout.humidity.toFixed(2) + '%');
    setTimeout(function () {
      sensor.read();
    }, 2000);
  }
};

if (sensor.initialize()) {
  sensor.read();
} else {
  console.warn('Failed to initialize sensor');
}
```

원격 대시보드 구성(Dweet.io)

먼저 http://freeboard.io에서 계정을 생성한다.

이제 새로운 대시보드를 생성해 센서를 제어한다.

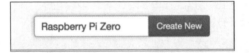

다음 매개변수를 사용해 새 데이터 소스를 추가한다.

대시보드에서 새 창을 만들고 온도에 대한 Gauge 위젯을 생성한다.

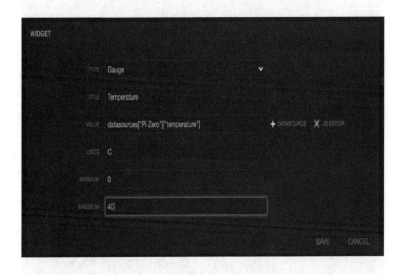

그러면 인터페이스에 온도가 표시된다.

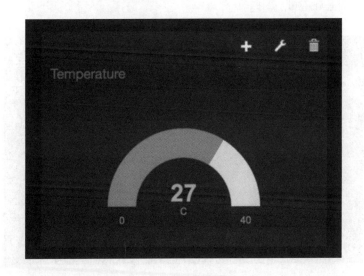

습도에 대해서도 동일한 작업을 수행한다.

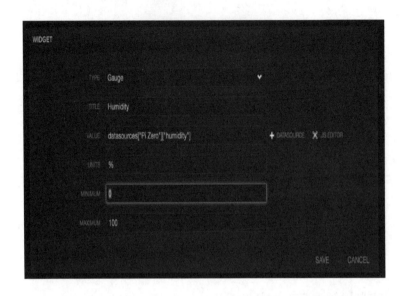

최종 결과는 다음과 같다.

▌ 요약

7장에서는 라즈베리 파이와 아두이노 보드를 기반으로 하는 모듈식 보안 시스템을 구축하고 통합하는 방법을 배웠다. 물론 이 프로젝트를 개선할 수 있는 많은 방법이 있다. 예를 들어, 동일한 알람을 구동하는 더 많은 모션 센서와 같은 모듈을 간단히 프로젝트에 추가할 수 있다. 또한 집의 Wi-Fi 네트워크 밖에 있더라도 시스템을 모니터링할 수 있다.

8장에서는 안드로이드 애플리케이션에서 시스템을 제어하는 방법, 실제 스마트폰 시스템과 통합하는 방법 등을 배운다.

08

스마트폰에서 장치를
모니터링하고 제어하기

앞 장에서 웹 인터페이스를 통해 제어하는 프로젝트를 살펴봤다. 8장에서는 안드로이드 네이티브 애플리케이션에서 아두이노와 라즈베리 파이를 제어하고, 플랫폼을 사용해 제어하면서 모니터링하는 애플리케이션의 생성 방법을 알아본다.

8장에서는 안드로이드 도구를 사용하는 다양한 프로젝트와 애플리케이션을 살펴본다. 이번 장에서 다루는 주제는 다음과 같다.

- APP 인벤터Inventor를 사용해 스마트폰에서 릴레이 제어
- 이더넷 실드를 사용해 안드로이드 스튜디오에서 JSON 응답 읽기
- 안드로이드 애플리케이션에서 DC 모터 제어
- 라즈베리 파이 제로를 사용해 안드로이드에서 출력 제어
- 블루투스를 통해 라즈베리 파이로 출력 제어

▌ APP 인벤터를 사용해 스마트폰에서 릴레이 제어

이 절에서는 APP 인벤터를 사용해 아두이노 보드에 연결된 릴레이를 제어하는 안드로이드 애플리케이션의 작성 방법을 살펴본다.

하드웨어 요구 사항

프로젝트에 필요한 하드웨어는 다음과 같다.

- 릴레이 모듈
- 아두이노 UNO 보드
- 이더넷 실드
- 케이블

소프트웨어 요구 사항

프로젝트에 필요한 소프트웨어는 다음과 같다.

- 소프트웨어 아두이노 IDE
- 활성화된 지메일 계정

▌ 첫 번째 애플리케이션 작성

안드로이드의 APP 인벤터는 구글이 제공한 오픈소스 웹 애플리케이션으로, 지금은 MIT에서 관리하고 있다. 이 소프트웨어를 사용하면 컴퓨터 프로그래밍을 통해 누구든지 쉽게 안드로이드 운영체제용 소프트웨어 애플리케이션을 만들 수 있다. APP 인벤터는 스크래치Scratch와 스타로고StarLogo TNG 사용자 인터페이스와 매우 유사한 그래픽 인터페이스를 제공하며, 사용자가 이를 통해 시각적 객체를 드래그 앤 드롭해 안드로이드 장치에서 실행할 수 있는 애플리케이션을 작성할 수 있다. 구글은 온라인 개발 환경을 구축하기 위해 구글 내에서 수행한 연구 결과뿐만 아니라 컴퓨터 교육에 관련된 방대한 사전 연구 결과를 활용해 APP 인벤터를 만들었다.

APP 인벤터를 실행하기 위해 컴퓨터에 소프트웨어를 설치할 필요는 없지만, APP 인벤터 인터페이스에 접근하기 위해서는 지메일 계정이 필요하다.

APP 인벤터를 시작하려면 http://appinventor.mit.edu/explore/에 접속한다.

create apps로 가서 앱 디자인을 시작한다.

먼저 지메일 계정이 필요하다. 다음 스크린샷과 같이 파일을 생성한다.

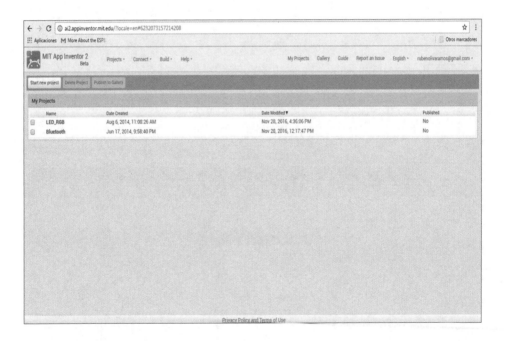

Projects 메뉴에서 Start New Project를 선택한다.

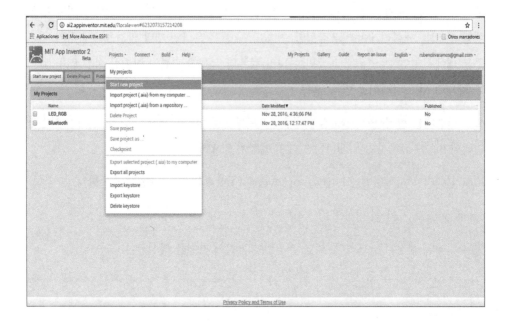

프로젝트 이름을 입력한다.

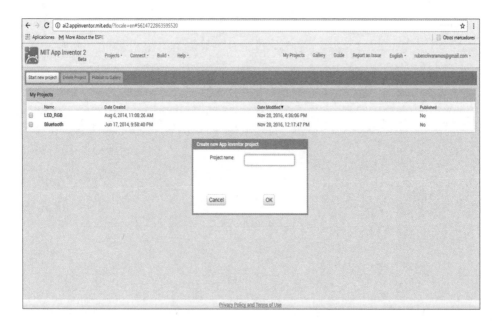

예제에서는 다음 스크린샷과 같이 프로젝트의 이름을 aREST로 정했다.

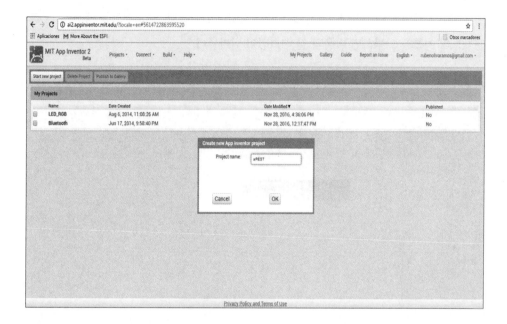

OK를 누르면 생성된 프로젝트가 표시된다.

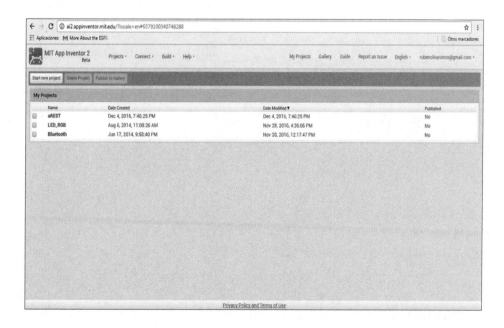

인터페이스 디자인

이제 애플리케이션의 인터페이스를 생성하는 방법을 알아본다. 프로젝트를 생성한 후, 프로젝트의 이름을 클릭하면 다음과 같은 화면이 나타난다.

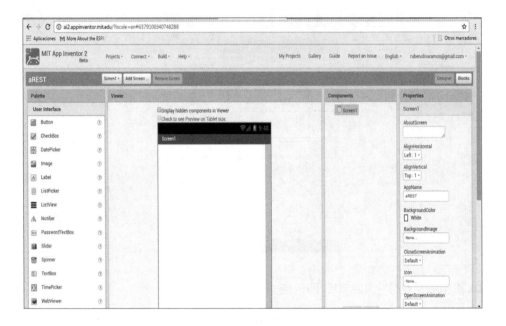

왼쪽에 있는 사용자 인터페이스에서(모든 객체를 볼 수 있음) 객체를 메인 화면으로 이동하려면 다음 스크린샷과 같이 Web Viewer와 Button을 드래그한다.

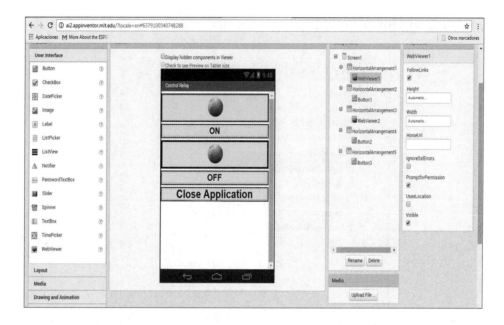

앞의 스크린샷에서 아두이노 보드를 제어하는 데 사용하는 애플리케이션의 인터페이스를 볼 수 있다.

APP 인벤터와 아두이노 이더넷 실드 간의 통신

이제 이더넷 네트워킹을 통해 애플리케이션이 아두이노와 통신하는 방법을 알아본다.

Web Viewer 컨트롤의 속성에서 홈 URL을 볼 수 있다.

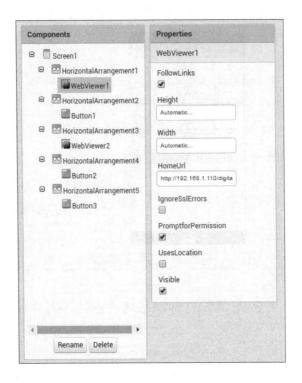

두 컨트롤 모두 아두이노 이더넷 실드의 URL을 가지고 있다. RESTful 서비스를 사용해 요청을 만들고 애플리케이션에서 다음과 같은 요청을 보낸다.

- http://192.168.1.110/digital/7/1
- http://192.168.1.110/digital/7/0

APP 인벤터 코드

초기 버전의 블록 편집기는 시각적 블록 프로그래밍 언어의 생성과 프로그래밍을 위해 Open Blocks Java 라이브러리를 사용해 별도의 자바 프로세스에서 실행됐다.

웹 서비스를 호출하는 버튼을 클릭하면 APP 인벤터 코드가 생성된다. 이를 위해서는 다음 작업을 수행하면 된다.

- Blocks라고 하는 화면 인터페이스로 이동한다.
- When...Do 블록을 버튼당 하나씩 드래그한다.
- 앞에서 드래그한 블록 안에 Call...WebViewer.GoToUrl 블록을 넣는다.
- 블록의 URL에 WebViewer.HomeUrl 블록을 넣는다.

애플리케이션을 닫으려면 다음과 같이 한다.

- When...Button.Click Do 블록을 드래그한다.
- 그리고 블록 안에는 애플리케이션을 닫는 블록을 넣는다.

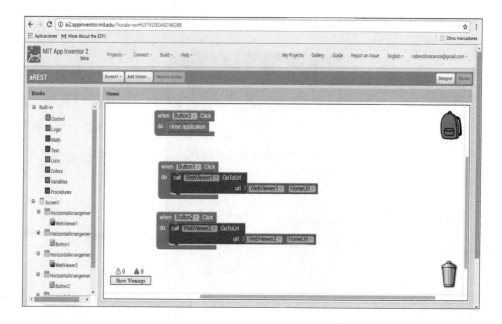

웹 브라우저를 열면 다음과 같은 결과가 나타난다.

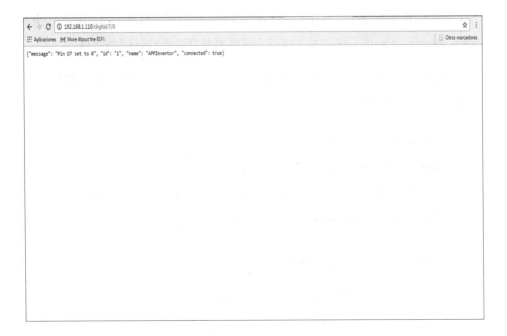

다음 스크린샷은 스마트폰에서 실행되는 애플리케이션을 보여준다.

다음 이미지는 연결된 최종 결과를 보여준다.

▌ 이더넷 실드를 사용해 안드로이드 스튜디오에서 JSON 응답 읽기

이번 절에서는 아두이노 보드와 안드로이드 스튜디오에서 응답을 읽는 방법을 살펴본다.

다음 단계로 이동하기 전에 먼저 다음을 수행한다.

- https://developer.android.com/studio/index.html?hl=es?419를 통해 안드
  로이드 스튜디오의 IDE를 설치한다.
- 안드로이드 스튜디오용 최신 SDK를 다운로드한다.

그런 다음 안드로이드 스튜디오에서 다음 스크린샷과 같은 프로젝트를 생성한다.

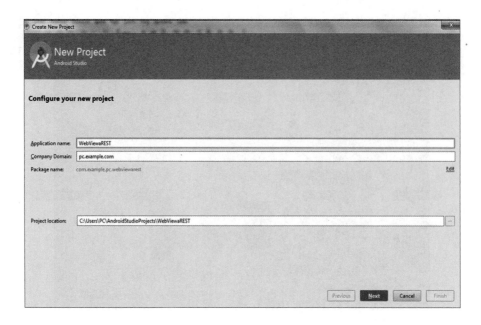

이어서 사용할 API 버전을 선택하고 Next 버튼을 클릭한다.

Blank Activity를 선택하고 Next 버튼을 클릭한다.

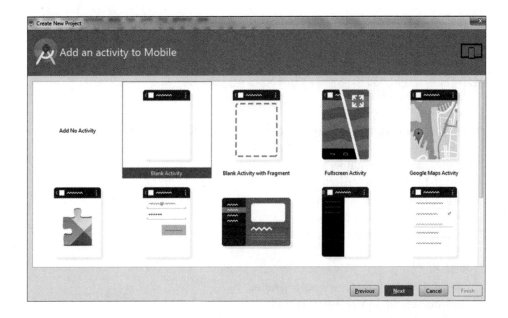

액티비티Activity와 레이아웃Layout의 이름을 입력한 후 Finish 버튼을 클릭한다.

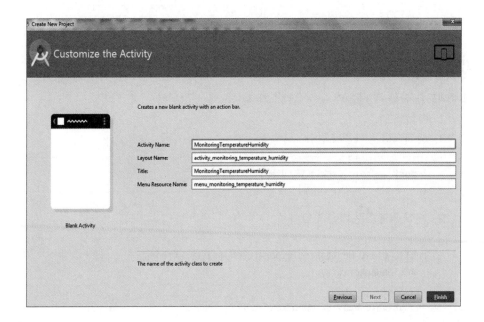

▌ 안드로이드 애플리케이션

이 절에서는 안드로이드 애플리케이션을 살펴본다. 폴더에서 안드로이드 스튜디오 프로젝트 파일을 연다.

여기에는 인터페이스의 코드에서 생성된 XML 코드가 있다.

```
FrameLayout xmlns:android="http://schemas.android.com/apk/res/android"
  xmlns:tools="http://schemas.android.com/tools"
  android:id="@+id/container"
  android:layout_width="match_parent"
  android:layout_height="match_parent"
  tools:context=".MainActivity">
  tools:ignore="MergeRootFrame">

  <WebView
    android:id="@+id/activity_main_webview"
    android:layout_width="match_parent"
    android:layout_height="match_parent" />
</FrameLayout>
```

자바 클래스

프로젝트를 만들 때 다음과 같은 클래스가 자동으로 생성된다.

1. 클래스명은 다음과 같다.

   ```
   import android.webkit.WebView;
   ```

2. 메인 클래스는 다음과 같다.

   ```
   public class MonitoringTemperatureHumidity extends
     ActionBarActivity {

       private WebView mWebView;
   ```

304

안드로이드 애플리케이션의 이 코드 부분에서 값을 요청한다.

```
mWebView.loadUrl("http://192.168.1.110/temperature");
mWebView.loadUrl("http://192.168.1.110/humidity");
super.onCreate(savedInstanceState);
setContentView(R.layout.activity_monitoring_temperature_humidity);
```

메인 액티비티에 포함될 객체를 정의한다. 이 경우 mWebView 컨트롤이며, 애플리케이션의 메인 액티비티에 정의된다.

```
mWebView = (WebView) findViewById(R.id.activity_main_webview);
mWebView.loadUrl("http://192.168.1.110/humidity");
}
```

애플리케이션 권한

애플리케이션에 네트워킹을 실행하는 권한을 부여하려면 안드로이드 Manifest 파일에 다음 줄을 추가해야 한다.

```
<uses-permission android:name="android.permission.INTERNET"/>
```

애플리케이션이 디버깅돼 장치에 설치되면, 화면에 temperature 값이 표시되는 다음과 같은 결과가 나타난다.

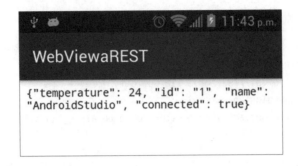

humidity의 값이다.

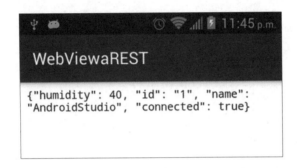

▌안드로이드 애플리케이션을 사용해 DC 모터 제어하기

이 절에서는 블루투스로 스마트폰을 연결하는 애플리케이션에 대해 알아본다. 이 애플리케이션은 아마리노Amarino라 불리며, http://www.amarino-toolkit.net/index.php/home.html에서 구할 수 있다. 또한 안드로이드 애플리케이션에서 DC 모터를 제어하는 방법도 알아본다.

하드웨어 요구 사항

다음 다이어그램에서 모터의 속도와 회전을 제어하기 위해 L293D가 사용된 것을 볼 수 있다.

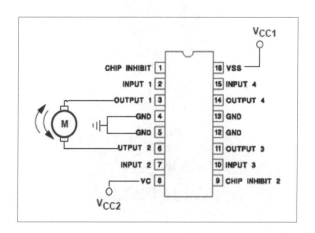

다음 그림에서 아두이노 보드 회로의 최종 연결을 볼 수 있다.

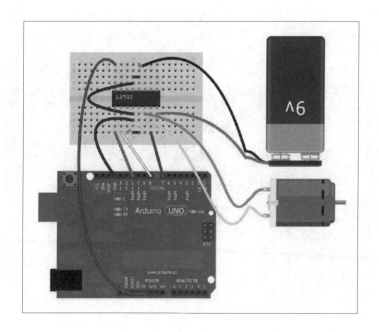

최종 인터페이스는 다음 스크린샷에 표시된다.

최종 연결된 결과는 다음 이미지와 같다.

▌ 라즈베리 파이 제로를 사용해 안드로이드에서 출력 제어

이 절에서는 Node.js 서버에서 실행되는 control.js 스크립트를 사용해 라즈베리 파이에 연결된 출력을 어떻게 제어하는지 알아본다.

안드로이드 애플리케이션을 사용해 LED 출력을 제어하는 요청은 다음과 같다.

1. http://192.168.1.111:8099/ledon
2. http://192.168.1.111:8099/ledoff

APP 인벤터에서 생성된 인터페이스는 다음 스크린샷과 같다.

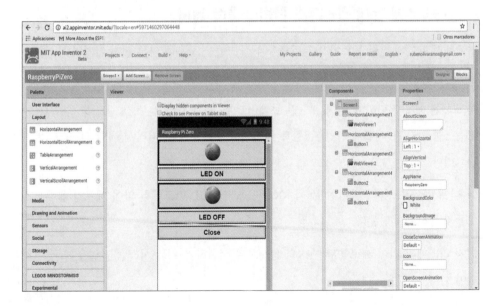

최종 회로 연결은 다음 스크린샷과 같다.

▌ 블루투스를 통해 라즈베리 파이로 출력 제어

라즈베리 파이의 직렬 포트에 연결된 블루투스 모듈을 사용해 다른 전자 기기와 통신하려면 경로가 조금 달라진다.

이 모듈은 매우 저렴하다. 실제 모듈은 브레이크아웃 보드에 있는 녹색 보드다. 순수 HC-05는 5볼트-TTL 레벨이 아닌 3.3볼트 레벨에서만 동작한다. 따라서 레벨 시프터shifter가 필요하다.

이 절에서는 라즈베리 파이의 TX와 RX 핀을 연결하고, 라즈베리 파이 제로가 블루투스 모듈과 통신하게 만든다.

먼저 라즈베리 파이 제로 TX와 RX의 통신을 활성화하기 위해 시스템 파일을 조금 변경해야 한다.

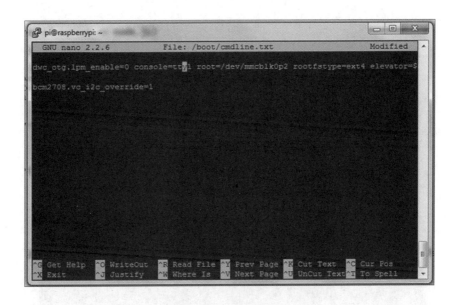

안드로이드 애플리케이션에서 조명 제어

다음 스크린샷과 같이 블루투스 터미널을 다운로드해야 한다.

다음 스크린샷은 숫자 1, 2, 3, 4, 5, 6을 전송한 결과를 보여준다.

```
pi@raspberrypi: ~
the exact distribution terms for each program are described in the
individual files in /usr/share/doc/*/copyright.

Debian GNU/Linux comes with ABSOLUTELY NO WARRANTY, to the extent
permitted by applicable law.
Last login: Mon Dec  5 20:04:53 2016
pi@raspberrypi:~ $ sudo python ch06_01.py
initializing...
opening serial port
True
running now
RCV: 1
RCV: 2
RCV: 3
RCV: 4
RCV: 5
RCV: 6
RCV: 1
RCV: 2
RCV: 3
RCV: 4
RCV: 5
RCV: 6
```

다음 이미지는 프로젝트의 최종 모습으로 HC05 모듈과 라즈베리 파이 제로의 연결을 보여준다.

▌ 요약

8장에서는 블루투스와 이더넷 통신을 통해 안드로이드 스튜디오와 APP 인벤터를 사용함으로써 스마트폰에서 아두이노 및 라즈베리 파이 제로를 어떻게 제어하는지 알아봤다. 또한 모터 제어와 릴레이 모듈 제어, 습도와 온도 읽기 같은 여러 프로젝트를 살펴봤다. 이제 여러분은 어떤 애플리케이션에서도 원하는 모든 것을 제어하고 모니터링할 수 있다.

9장에서는 지금까지 배운 모든 내용과 지식을 하나로 통합해본다.

09

통합

앞 장에서는 9장에서 다룰 전체 홈 시스템을 설계하고 구성하는 데 필요한 기초와 요소들을 살펴봤다. 체계적이고 논리적인 방법으로 이 여정을 안내하려고 노력했으므로, 이제 여러분이 시스템을 통합할 모든 준비를 마쳤길 바란다.

9장에서는 전체 시스템을 구축하기 위해 지금까지 배운 모든 것을 통합하고, 이 모든 것을 통합하는 데 필요한 아이디어와 최종 세부 사항을 제공한다. 그러고 나면 이번 장에서 제시한 아이디어로 여러분 자신만의 프로젝트를 만들 수 있게 될 것이다.

이 장에서 다루는 주제는 다음과 같다.

- 시스템 통합: 개발 프로젝트
- 매트릭스 키보드로 접근 제어

- 릴레이와 장치로 시스템 제어 통합
- 전원 공급 장치 설정 방법

▌ 시스템 통합: 개발 프로젝트

앞 장에서는 가전 제품을 제어하고 모니터링하는 다양한 홈 오토메이션 프로젝트에 대해 살펴봤다. 9장에서는 전자 기기를 사용하고 제어하고 모니터링하는 다양한 분야에서 수행할 수 있는 몇 가지 프로젝트를 위한 개발 아이디어를 제공한다.

조명 센서의 세부 사항

이름에서 알 수 있듯이, LDR^{Light Dependent Resistor}은 카드뮴 황화물과 같은 반도체 재료로 만들어지며, 물질 내에 정공–전자쌍^{hole-electron pair}을 생성해 전기 저항을 수천 옴^{ohm}(어두운)에서 수백 옴(밝은)까지 변화시킨다. 이에 따른 효과로 전도도가 향상되고 조명이 밝아짐에 따라 저항이 감소된다. 또한 감광성 셀은 응답이 길어 빛의 강도 변화에 반응하는 데 많은 시간이 필요하다.

이 절에서는 광 센서를 사용해 여러 장치를 제어하는 방법을 살펴본다.

- 필요에 따라 조명 켜고 *끄기*
- 센서로 방의 빛을 감지하고 램프를 어둡게 만들기

신호 센서로 램프를 어둡게 할 수 있다. 광 센서가 측정한 값에 따라 강도를 조절할 수 있다.

모션 센서

모션 센서는 체온(적외선 에너지)을 감지한다. 패시브^{passive} 적외선 센서는 홈 시큐리티 시스템에서 가장 널리 사용되는 모션 센서다. 시스템이 가동되면 모션 센서가 활성화된다. 센서가 예열되면 주변 지역의 열과 움직임을 감지해 보호 그리드를 생성한다.

움직이는 물체가 많은 그리드 영역을 차단하고 적외선 에너지 수준이 빠르게 변화하면 센서가 트립^{trip}된다. 이 센서를 사용해 조명을 켜거나 끄고 싶을 때 조명을 제어할 수 있다.

센서가 측정한 거리에 따라 물체를 감지할 수 있고 램프를 제어할 수 있다.

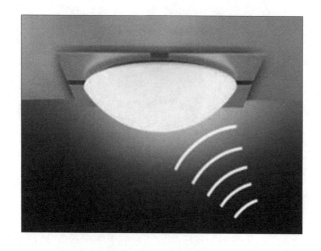

자동 조명 컨트롤러

센서는 여러분이 집에 없거나 시스템에 부재 중임을 알릴 때 동작한다. 일부 보안 시스템은 움직임이 감지되면 보안 카메라를 통해 이벤트를 기록하도록 프로그래밍할 수 있다. 움직임 감지의 주목적은 침입자를 감지하고 제어판에 경고를 보내는 것이다.

다음 회로도는 LDR 센서, PIR 센서, 릴레이 모듈과 같이 이전에 사용한 모든 요소를 사용하는 자동 조명 제어 연결을 보여준다.

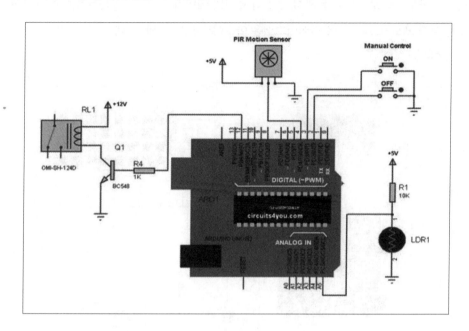

▌ 태양광 전력 모니터 회로

다음은 아두이노 보드를 사용해 태양 전지 패널의 에너지를 모니터링하는 제어판을 보여주는 실제 프로젝트다. 다음 다이어그램은 아두이노 보드와 센서, 태양 전지 패널의 연결을 보여준다.

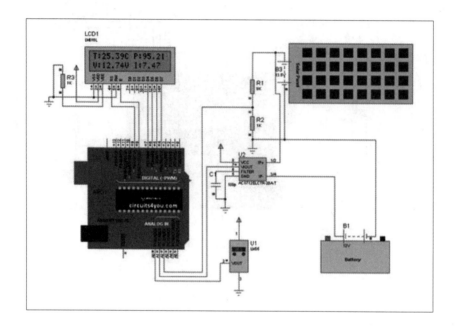

▌ 토양 센서를 가진 자동 관개 시스템

다음 그림은 이전에 사용한 도구들을 통합하는 또 다른 프로젝트를 보여준다. 이 프로젝트는 토양 센서를 사용해 물 공급을 제어한다.

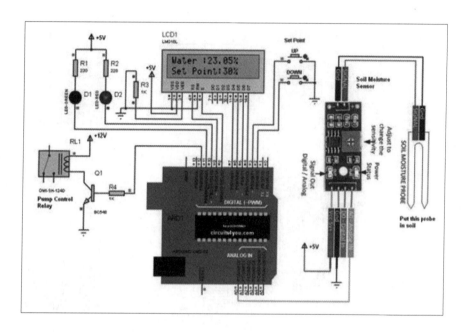

지금까지 홈 오토메이션뿐 아니라 정원과 같은 다양한 분야의 실제 상황에서도 적용할 수 있는 흥미롭고 가치 있는 프로젝트들을 살펴봤다. 다음 절에서 좀 더 다양한 프로젝트를 살펴본다.

▌ 아두이노 수위 컨트롤러

이 프로젝트에서는 다음 그림과 같이 아두이노 보드를 사용해 물의 수위를 제어하는 자
동 레벨 센서를 만든다.

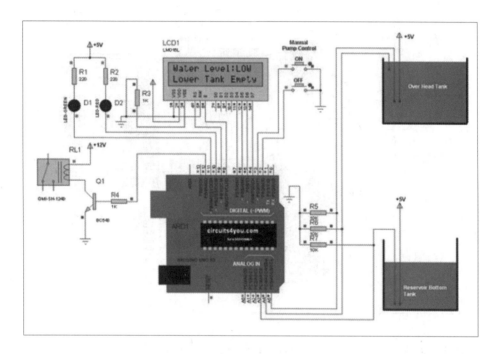

블루투스 기반 홈 오토메이션

이 절에서는 블루투스 모듈을 사용해 통신하고 릴레이 모듈로 댁내 장치를 제어하며 하드웨어를 소프트웨어 도구로 통합하는 홈 오토메이션에 사용할 수 있는 프로젝트를 살펴본다.

다음 다이어그램은 릴레이 모듈과 HC05 블루투스 모듈을 아두이노 보드에 연결하는 방법을 보여준다.

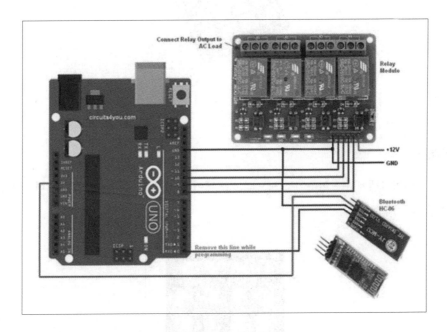

▍ 매트릭스 키보드를 사용한 접근 제어

이 절에서는 매트릭스 키보드를 사용해 코드로 접근을 제어하는 방법을 알아본다. 다음 이 미지에서 우리가 사용할 키보드를 볼 수 있다.

키패드

다음 다이어그램에서는 아두이노 보드의 하드웨어 연결을 볼 수 있다. 이들은 디지털 핀 에 연결된다.

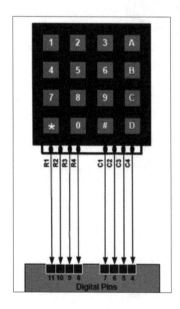

코드를 표시하기 위한 LCD 화면 연결

다음 다이어그램은 LCD 화면과 아두이노 보드의 하드웨어 연결을 보여준다.

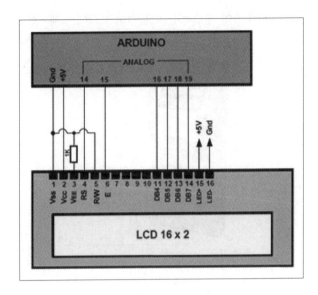

새로운 센서를 추가해 다른 장치를 제어할 수 있는 몇 가지 흥미로운 프로젝트를 살펴봤다. 다음 절에서는 매우 재미있는 프로젝트를 살펴본다.

▌ 키패드로 도어록 제어하기

다음 이미지에서 키패드가 있는 도어록을 볼 수 있다. 이 절은 마지막 프로젝트와 병합 가능하며, 이 장치는 라즈베리 파이 제로 또는 아두이노 보드에서 제어할 수 있다.

키패드를 사용해 접근하는 코드

이제 Project_keyboard_Access_Control.ino 파일에 코드를 복사하거나, 아두이노 IDE를 사용해 이 프로젝트의 폴더에서 전체 코드를 가져올 수 있다.

```
void captura( )
{
  tecla = customKeypad.getKey( );

  if (tecla)
  {
    digito = digito + 1;
if(tecla==35){tecla=0;digito=0;valorf=0;lcd.setCursor(0,0);lcd.print(valorf
);
    lcd.print("           ");}
  if(tecla==48){tecla=0;}
```

```
    if(tecla==42){tecla=0;digito=0;valor = valorf;}

  if(digito==1){valorf1 = tecla; valorf=valorf1;lcd.setCursor(0,0);
      lcd.print(valorf);lcd.print("            ");}
    if(digito==2){valorf2 =
tecla+(valorf1*10);valorf=valorf2;lcd.setCursor(0,0);
      lcd.print(valorf);lcd.print(" ");}
    if(digito==3){valorf3 =
tecla+(valorf2*10);valorf=valorf3;lcd.setCursor(0,0);
        lcd.print(valorf);lcd.print(" ");}
    if(digito==4){valorf4 =
tecla+(valorf3*10);valorf=valorf4;lcd.setCursor(0,0);
        lcd.print(valorf);lcd.print("            ");}
    if(digito==5){valorf5 =
tecla+(valorf4*10);valorf=valorf5;lcd.setCursor(0,0);
        lcd.print(valorf);lcd.print("            ");digito=0;}
  }
```

이 함수는 입력된 코드가 올바른지 확인한다.

```
void loop()
{
  captura();
  if (valor == 92828)
  {
    digitalWrite(lock,HIGH);
  }
  if (valor == 98372)
  {
    digitalWrite(lock,LOW);
  }
}
```

시스템 제어를 릴레이 및 장치와 통합

다음 그림에서는 이 책에서 중요한 부분들을 통합하고 있다. 릴레이를 사용한 집에서의 연결을 보여주며, 램프를 사용해 실제 부하를 적용하고 제어하는 방법을 볼 수 있다.

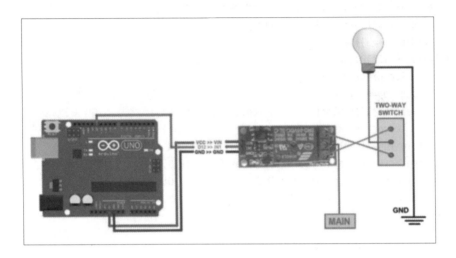

여러 기기 제어

실생활에서 장치가 연결되고 실제 세계를 제어하는 것을 볼 수 있다. 다음 이미지는 전자부품으로 부하를 제어할 수 있는 릴레이 모듈을 보여준다.

다음 그림은 최종 회로를 보여준다. 아두이노 보드의 실제 연결과 실제 세계를 제어하는
방법을 볼 수 있다.

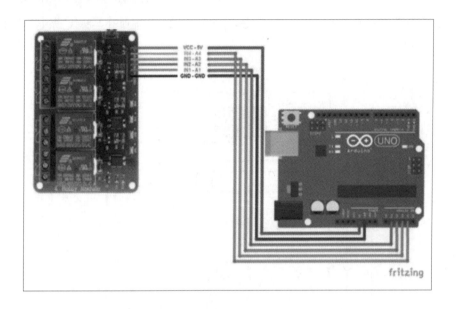

전체 시스템

다음 그림은 홈 오토메이션 시스템에서 실제 장치를 제어하는 최종 회로를 보여준다. 이 것은 각각의 방이 제어 시스템과 통신하는 각 모듈에 연결된 릴레이 모듈을 가지는 가정 의 모든 영역에서 사용할 수 있다.

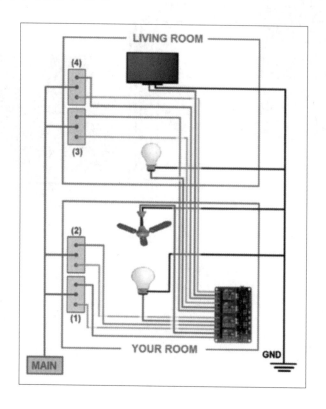

▌ 전원 공급 장치 설정 방법

시스템에 사용될 전원 공급 장치의 설정은 매우 중요하다. 먼저 아두이노에 인가되는 전압이 5볼트인지 확인해야 한다. 다음 다이어그램은 전압을 5볼트로 구성하는 방법을 보여준다.

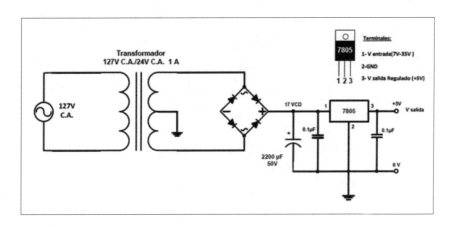

AC 부하용 전원 공급 장치

아두이노 또는 라즈베리 파이 제로에 AC 부하를 연결하고 산업용 제어 시스템을 구축해야 하는 경우, 다음 회로도에서 볼 수 있듯이 DC 24볼트의 전압을 사용해야 한다.

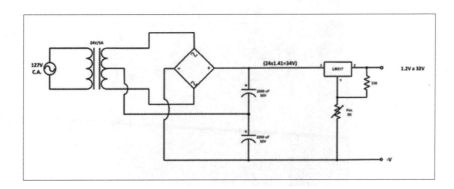

아두이노 보드에 24 DC 볼트의 릴레이 연결

다음 다이어그램은 24 DC 볼트 릴레이를 사용해 AC 부하를 제어하는 회로를 보여준다.

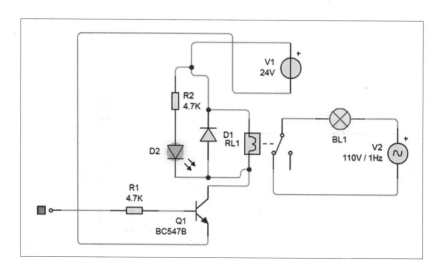

라즈베리 파이 제로 또는 아두이노 보드에 출력 디지털 핀에 연결된 AC 부하를 제어하는 인터페이스를 나타내는 최종 회로도다. 이는 일반적으로 볼 수 있는 회로가 아니지만, 아두이노 보드에 24볼트의 DC로 가압된 릴레이를 연결하는 방법은 알아둬야 한다.

마침내 최종 회로의 보드를 완성했으며, 24볼트로 전원을 공급하는 코일을 가진 릴레이를 사용했다. 아두이노 또는 라즈베리 파이의 디지털 출력은 릴레이 모듈에 연결할 수 있다.

요약

이 책의 마지막 장을 끝마쳤다. 9장에서는 지금까지 알아본 하드웨어와 소프트웨어 도구를 적용할 때 고려해야 할 모든 요소를 어떻게 통합하는지 알아봤다. 이 책에서 공유한 기본과 지식들이 여러분이 앞으로 자신의 프로젝트를 개발하는 데 도움이 되길 기대한다.

찾아보기

에이콘출판의 기틀을 마련하신 故 정완재 선생님 (1935-2004)

사물인터넷 자바스크립트 프로그래밍

발　행 ｜ 2018년 5월 16일

지은이 ｜ 루벤 올리바 라모스
옮긴이 ｜ 류 영 선

펴낸이 ｜ 권 성 준
편집장 ｜ 황 영 주
편　집 ｜ 조 유 나
디자인 ｜ 박 주 란

에이콘출판주식회사
서울특별시 양천구 국회대로 287 (목동)
전화 02-2653-7600, 팩스 02-2653-0433
www.acornpub.co.kr / editor@acornpub.co.kr

한국어판 ⓒ 에이콘출판주식회사, 2018, Printed in Korea.
ISBN 979-11-6175-155-9
ISBN 978-89-6077-210-6 (세트)
http://www.acornpub.co.kr/book/iot-javascript

이 도서의 국립중앙도서관 출판시도서목록(CIP)은 서지정보유통지원시스템 홈페이지(http://seoji.nl.go.kr)와
국가자료공동목록시스템(http://www.nl.go.kr/kolisnet)에서 이용하실 수 있습니다.(CIP제어번호: CIP2018013966)

책값은 뒤표지에 있습니다.